EXLIBRIS

FSC
www.fsc.org
MIX
Papier aus verantwortungsvollen Quellen
FSC® C002795

Mineralöl freie Druckfarbe

5 4 3 2 1 26 25 24 23 22
ISBN 978-3-649-64232-9

Konzept: Coppenrath Verlag
Design: Grafikteam Coppenrath und Die Spiegelburg
Layout: Stefanie Wawer
Textsammlung: Judith Pfeiffer-Ley
Redaktion: Anna Louisa Duckwitz

Printed in Latvia

www.coppenrath.de

Dear Life!

LIEBESERKLÄRUNGEN AN DAS LEBEN

COPPENRATH

INHALTSVERZEICHNIS

Ein Tag unter vielen

UNSER ERSTER BLICK RÜCKWÄRTS, in eine nun schon so sehr fern liegende Kindheit, gleicht dem in eine von wallenden Nebeln zart verhüllte Landschaft. Zunächst erscheint alles noch ganz undeutlich, mit verwaschenen, verschwommenen Konturen, und was sich hinter den da und dort schattenhaft sich andeutenden Dingen und Gestalten in Wahrheit verbirgt, erschließt sich kaum unserer Ahnung, geschweige denn unserem Wissen. Mählich aber, während die aufsteigende Sonne das ziehende Gewölk spaltet und auflöst und vertreibt, verflüchtigt sich der feuchte Schleier. Und wie hier bald eine Hügelkuppe oder der dunkle Rand eines Waldes, ein stilles, sanftes Tal oder eines Baches silberner Lauf sichtbar werden, so hebt dort die Erinnerung bald den, bald jenen Vorgang heraus aus der strömenden Fülle unserer gelebten Tage und stellt ihn, langsam immer deutlicher werdend, vor unsere Augen. An ihn klammern wir Blick und Seele. Solche einzelnen Geschehnisse und Erlebnisse, solche nie ganz vergessenen Tage oder Stunden sind wie die Meilensteine längs des Weges, den wir gewandert sind. [...]

Wir wohnten damals in der sogenannten Niederstadt, dort, wo sich die sanft schwingende, fruchtbare Ebene der Danziger Niederung bis dicht an das Weichbild der Stadt heranschiebt. [...]

Meinem Vater mochte es lieb sein und angenehm auch, hier zu wohnen. Denn dadurch hatte er seine Arbeitsstätte, die damalige Königliche Gewehrfabrik, ganz in seiner Nähe. Und oft bin ich, ein bisschen ehrfürchtig, aber ein bisschen stolz wohl auch, an deren mächtigen Portalen vorbeigegangen, habe zu den beiden erzenen Adlern mit den goldenen Kronen aufgeschaut, die die Pfeiler am

Haupteingang zierten, und habe an meinen Vater gedacht, der hinter diesen starken, mächtigen und hohen Mauern werkte und arbeitete.

Manchmal musste ich eine Bestellung ausrichten, dann nahm mich der Portier in Empfang, unter seinen mahnenden Blicken durfte ich an den bunt blühenden Beeten, an dem sorglich eingezäunten, grün schwellenden und gepflegten, saftigen Rasen entlangwandern, die den Vorplatz des Direktionsgebäudes schmückten, bis man den »Meister mit dem großen Hut« geholt hatte. Ja, so nannte man meinen Vater bei seinen Kollegen und unter seinen Arbeitern, weil er zeitlebens immer eine bestimmte Art von Hüten trug, einen Kalabreser, wie er selbst sie nannte. Es waren dunkelblaue oder fast schwarze, breitrandige Schlapphüte aus feinstem Filz, deren Beschaffung oft erhebliche Schwierigkeiten machte. Er hielt mit verbissener Zähigkeit an ihnen fest wie an vielen anderen Eigenarten seiner Kleidung. Nie sah man ihn mit einem hohen Stehkragen, und Schnürschuhe verachtete er gründlich. Er hatte als Soldat während seiner Dienstzeit Gummizugstiefel getragen, sie hatten ihm sehr zugesagt, und so trug er sie auch späterhin bis an sein Ende. Doch entsprang diese Beharrlichkeit nicht etwa irgendeiner Sucht nach Originalität, sondern sie lag in seinem Charakter begründet, der ihn zwang, sich das, was er einmal als richtig und zweckmäßig und kleidsam erkannt hatte, für immer zu eigen zu machen.

Hier, in der Niederstadt also, wuchs ich auf. Und wohl den Kindern, die hier wohnen, die hier leben und spielen durften. Hier gab es, im Gegensatz zur Rechtstadt und Altstadt mit ihren oft schmalen, krummen, winkligen und lichtlosen Gassen und Gässchen, breite Straßen mit doppelten Baumreihen in der Mitte und Rasenstreifen, die von niedrigen Eisengeländern umsäumt waren. Sandhaufen lagen überall herum, von denen wir annahmen, sie seien besonders für uns Kinder angefahren worden. Da konnte man Burgen bauen und Festungen, man konnte seine Bleisoldaten sozusagen in natürlichem Gelände ihre Schlachten schlagen und ihre Märsche ausführen lassen – das war wahrlich etwas anderes, als wenn sie auf der blanken, glatten Tischplatte exerzieren mussten. Am Ende der Sperlingsgasse aber stand, mitten auf der Straße, ein Schuppen, schwarz geteert – noch heute kenne ich den Namen des Kaufmanns, dem er gehörte, Harder hieß er – und in diesem Schuppen standen und lagen allerhand geheimnisvolle Werkzeuge und Geräte, die der Besitzer darin abgestellt hatte. Manchmal gelang es, durch ein Astloch einen scheuen Blick auf all die Herrlichkeiten zu werfen. Einige besonders heldenhafte Jungen unter meinen Spielgefährten wagten sogar zuweilen bei sinkender Dunkelheit, mithilfe eines benachbarten Baumes auf das schadhafte Dach des Schuppens zu klettern. Wenn sie heil und gesund wieder auf der Erde standen, ergingen sie sich regelmäßig in seltsamen Andeutungen – was sie wirklich gesehen hatten, hat freilich nie jemand richtig erzählt, und ich glaubte schon damals, dass sie nur deshalb so erstaunlich verschwiegen waren, weil sie die soeben erlebte herbe Enttäuschung nicht verraten wollten.

Aber dies alles war natürlich nicht das Wichtigste und Schönste. Das Schönste waren – darüber bestand für mich niemals auch nur der geringste Zweifel – die Wälle, von uralten Kopfweiden begleitet und umsäumt, grünsamten im Sommer und von vielen bunten Blumen, dem knallgelben Hahnenfuß, dem zartlila Wiesenschaumkraut, dem Löwenzahn, dem bescheidenen Tausendschönchen und anderen, deren Namen ich nicht kannte, überwuchert. Das Schönste war das Wasser, der alte Stadtgraben, der an der Außenseite der Wälle entlanglief – aber nein, nicht lief, sondern geruhsam wie ein alter Mann dahinschlich, so behäbig, so aller Eile bar, als habe er unendlich viel Zeit. Hier gab es Binsen am Uferrand und Schilf und die stolzen, kühlen Schwertlilien, da brannte golden fast die große fünfblättrige Blüte der Sumpfdotterblume, die immer so schnell welkte, kaum dass man sie abgerissen hatte. Und Frösche gab es in Mengen, im Frühling füllten die gallertartigen Massen ihres Laiches jeden halbwegs geschützten Winkel; wenig später wimmelten dann die Kaulquappen überall herum, man konnte sie fangen, mühelos beinahe, und im Einmachglas nach Hause bringen, wo sie dann ihre herrlichen, beneidenswerten Schwimmkünste zeigten.

Eine Brücke führte über den Stadtgraben zu einer kleinen Siedlung, zu einem Dörfchen, das damals noch außerhalb der eigentlichen Stadt lag. Groß-Walddorf hieß es, und erst sehr viel später habe ich erfahren, dass es gar nicht weit davon entfernt auch ein Klein-Walddorf gab. Auf dieser Brücke standen sommers tagaus, tagein Männer mit verwegenen Mützen; barfuß standen oder hockten sie am Brückenrand, mit aufgekrempelten Hosen. Sie angelten.

SANDHAUFEN LAGEN ÜBERALL HERUM, VON DENEN WIR ANNAHMEN, SIE SEIEN BESONDERS FÜR UNS KINDER ANGEFAHREN WORDEN.

Ich habe nie, wirklich niemals gesehen, dass einer von diesen Männern je etwas anderes aus dem Wasser herausfischte als seinen eigenen Köder. Möglich, dass ich nur Pech hatte, dass sie die dicksten, schwersten, silberglänzenden Fische an ihrer Angel hatten, mit ihnen ihre Körbe und Blecheimer füllten, kaum dass ich ihnen den Rücken gekehrt hatte. Aber vielleicht – ja, dies erschien mir schon damals als das Wahrscheinlichere – standen diese Mützenmänner überhaupt gar nicht der Fische wegen da; war ihnen das Angeln längst zu einer Art Selbstzweck geworden.

Herrlich sinnlos lebten sie so dahin, von der lauen Luft umspielt, von der wärmenden Sonne überflutet, so wie Lilien auf dem Feld lebten sie, fern allen Gedanken über die Nützlichkeit und Zweckmäßigkeit ihres Tuns und Daseins. Vielleicht waren sie arbeitslos. Aber sie waren es in einer Zeit, als Arbeitslosigkeit offenbar noch kein schwerer Schicksalsschlag war, und sie sahen nicht so aus, als ob sie mit ihrer Art der Lebensführung irgendwie nicht einverstanden wären. Ich habe sie oft beneidet, vor allem morgens, wenn ich ihnen, die oft schon früh dem gewohnten Angelplatz zustrebten, auf meinem Schulweg begegnete. Später lernte ich dann noch ihre Kameraden von der anderen Fakultät kennen, die sogenannten Mottlauspucker, die sich längs der Langenbrücke, am Binnenhafen, aufbauten. Dort gab es nichts zu angeln, der lebhafte Verkehr mit Dampfern und Oderkähnen, mit Pinassen und Booten und Frachtern und all dem, verbot diesen Sport von selbst. Aber sie lehnten, stundenlang, an dem Geländer oberhalb der Gordungswände und Ufermauern, schauten auf den Fluss hinab und auf alles, was sich dort abspielte, spuckten auch ab und an in das dunkle, ölige, immer nach Teer und Fett und faulendem Holz riechende Wasser und tauschten, in langen Zwischenräumen, ihre Beobachtungen miteinander aus. Aus ihrem Kreis schuf sich der Volksmund die beiden Figuren Bollermann und Welutzki, denen Hunderte lustige, bissige und humorige Geschichten in den Mund gelegt wurden.

Noch etwas anderes gab es auf dem Wasser, auf jenem Stadtgraben, der zu dem nahen Bereich unserer kindlichen Spiele gehörte: Holzflöße, Traften, die von weit her kamen, aus uns Jungens noch ganz unvorstellbaren Fernen. Aus Thorn wohl oder mindestens aus Kulm, vielleicht aber gar – wer mochte das wissen? – aus Russisch-Polen. Sie waren die Weichsel stromab geschwommen, sie waren in die Mottlau geraten, und nun lagen sie hier, auf einem Abstellgleis sozusagen, sorgsam vertäut und festgemacht, und warteten darauf, auseinandergenommen und auf Schiffe verladen zu werden. Auf Schiffe, die nach England fuhren, nach Holland, nach Belgien und Gott weiß wohin.

Auf diesen Flößen haben wir Kinder gern gespielt. Leise schwankten die Stämme unter unseren Füßen, das war schön und erregend zugleich, sanft klatschte das Wasser an den Rand der Flöße, kühl war es hier, auch dann noch, wenn die Sonne an Land unbarmherzig brannte, und dem bemoosten Holz entstieg ein Duft, der an ferne, tiefe und märchendunkle Wälder denken ließ.

Auch an jenem einen Tag unter vielen, von dem ich hier erzählen will, fand ich mich mit meinen Kameraden hier ein, um zu spielen. Wieder tobten wir, wie so oft schon, über die glitschigen Balken. Da löste sich plötzlich eines der hänfenen Taue, mit denen die Stämme verbunden waren, ein einziges nur – aber gerade unter meinen Füßen entstand eine Öffnung, ein Loch, aus dem dunkles, fast schwärzlich schimmerndes Wasser mich kühl und drohend anwehte. Und ehe ich noch mit einem kühnen Sprung mich ans bergende Land retten, ehe ich auch nur einen Hilferuf ausstoßen konnte, hatte dieses Dunkle, Nasse und Drohende mich verschlungen. Vielleicht hätte ich, obwohl ich noch kein Schwimmer war, mit ein paar instinktiven, zappelnden Stößen und Armbewegungen das nahe Ufer erreichen können. Aber ich vermochte nicht hochzutauchen, ich stieß immer wieder von unten her gegen die Stämme des Floßes, die sich inzwischen wieder zusammengefügt und aneinandergeschoben hatten. Und so hätte ich wohl sterben müssen, von Rechts wegen.

Dass es nicht geschah, verdankte ich einzig und allein einem Holzknecht, der vom Land aus, ohne dass wir es bemerkt hatten, unser Spiel beobachtet hatte. Er zog mich unter dem Holz hervor, für ihn bedeutete das nichts, sehr böse sah er aus, aber er brummte doch nur wie ein großer, dickpelziger Bär, als er mich ans Land brachte.

Da saß ich denn ... mein Spielkamerad war längst über alle Berge, vielleicht weil er es plötzlich mit der Angst zu tun bekommen hatte, vielleicht – zu seiner Ehre will ich es annehmen – weil er Hilfe holen wollte. Der Knecht war auch fortgegangen, nach einigen polternden Ermahnungen, aber er brauchte keine Sorge zu haben meinetwegen,

UND DANN …
JA, DANN WURDE ES
WIDER ERWARTEN NOCH
EIN SEHR SCHÖNER,
EIN WUNDERVOLLER ABEND.

ich hatte meine Lehre weg und würde mich für mindestens acht Tage gründlich vorsehen. Ich saß da, in meinen nassen Kleidern, frierend und unglücklich und ganz bedeckt mit einem grünlich-bräunlichen Pflanzenzeug, wie ein wahrhaftiger Nock oder Wassermann. Ich hätte wohl nach Hause gehen sollen – es war ja nicht weit –, um andere, trockene Kleider anzuziehen. Stattdessen hockte ich hier, nur von dem einen brennenden Wunsch beseelt, erst mal trocken zu werden, mich zu säubern und niemanden merken zu lassen, was mir zugestoßen war. [...]

Als ich dann, nach geraumer Zeit, zitternd noch und mit blauen Lippen, denn mir war immer noch arg kalt, aufstand und heimging, konnte mir kaum jemand etwas anmerken. Denn die paar Sachen, die ein Junge im Sommer am Leib trägt, die waren fast wieder wie vorher, und das grünliche Zeug hatte sich, erst einmal trocken geworden, fast mühelos abklopfen lassen.

Und dann... ja, dann wurde es wider Erwarten noch ein sehr schöner, ein wundervoller Abend. Ich hatte kaum den letzten Bissen unseres bescheidenen Abendbrotes in den Mund geschoben, als mein Vater, mit seiner tiefen, dunklen Stimme – die nur, wenn er böse war, sich zu einem wahren Donnergrollen steigern konnte – zu mir sagte: »Komm mit!«

Ich blickte ihn über den Tisch hin erschrocken an. Was wollte er von mir? Was hatte er mit mir vor? War ihm mein Abenteuer von vorhin doch etwa zu Ohren gekommen? Kannte vielleicht jener Mann, der mich unter dem Holz hervorgezogen hatte, meinen Vater und hatte ihm alles erzählt?

Aber das Gesicht meines Vaters war unbewegt und gar nicht zornig. Ja, als ich ihn eine kurze Zeit lang unentwegt anstarrte, schien es mir beinahe, als glitte der Schatten eines leichten Lächelns über seine schmalen Lippen. Sehr beruhigt erhob ich mich. Er griff nach seinem großen Schlapphut, setzte ihn auf, und gemeinsam tappten wir die schmale Wendeltreppe hinab.

Draußen auf der Straße war es schon dämmerig, aber noch sehr warm, fast schwül. Mit seinen ruhigen Schritten – er zitierte gern, obwohl er kein Humanist war, die irgendwo einmal gelesene Geschichte von der unanständigen Eile des Gerbers Kleon aus Athen und hielt nichts von Menschen, die sich immer hetzten – ging mein Vater dahin; ich hielt mich dicht an seiner Seite, und zuweilen schaute ich zu ihm empor. Ja, zu ihm empor, denn damals erschien er mir riesengroß. Später wuchs ich ihm wohl über den Kopf, aber ich denke, dass er, obwohl nur von guter Mittelgröße, jedem ungewöhnlich groß *erschienen* sein muss, weil er sich stets so aufrecht und kerzengrade hielt. Ein Mann, der vieles konnte, der vieles verstand, nur eben eines nicht, den Rücken zu beugen, den Rücken krumm zu machen.

Wir wanderten ziemlich lange schweigend dahin. Manchmal dachte ich: Wird er denn gar nicht sprechen? Aber er blieb beharrlich weiter stumm; seine Zeit zu reden war eben noch nicht gekommen.

Jetzt waren wir auf den Wällen, wir näherten uns der Brücke und damit eben jenen Flößen, auf denen ich am Nachmittag gespielt hatte. Wieder meldete sich in mir eine leise Unruhe. Aber da blieb mein Vater vor einer alten, halb vermorschten Weide plötzlich stehen und sagte dann ganz still: »Sieh dir das an …« Ich sah einige Schmetterlinge, Nachtfalter und Schwärmer, die im taumelnden Flug um den Baum herumschwirrten. Einer ließ sich plötzlich auf der rissigen Borke des Baumstammes nieder, faltete die Flügel zusammen. Ruhig, mit einer Sicherheit, die ich bewundern musste, griff ihn mein Vater, sehr vorsichtig, die Flügel zart zusammendrängend, sodass der Schmetterling sich nicht bewegen konnte, nur seine Fühler gingen unruhig auf und ab. Mein Vater zeigte mir den drollig dick bepelzten Leib des Falters, er erzählte mir, wie er heiße – ich habe den Namen längst vergessen – und wie er lebe, denn er sammelte Schmetterlinge und Käfer, wie andere Menschen Briefmarken sammeln, und wusste über Namen und Art und alle Lebensgewohnheiten dieser zartgeflügelten Gesellen gut Bescheid. »Wie schön«, sagte er dann, »dass wir so etwas haben, dass wir es sehen und bewundern dürfen, fast inmitten der Stadt.« Und dann ließ er den Falter sehr vorsichtig wieder fliegen, der nun schnell in der pfauenblauen Dämmerung verschwand.

Wir gingen über die Brücke, die jetzt völlig menschenleer war, wo sich kein einziger Angler sehen ließ, und als wir auf der anderen Seite des Wassers waren, blieben wir stehen, drehten uns um und sahen die Silhouette der Stadt, da und dort vom Schimmer der Straßenlaternen überhellt, weit gedehnt und bedeutend vor uns liegen.

»Von den Sternen weißt du wohl noch nicht viel, nicht wahr?«, fragte mein Vater, während wir langsam den Weg zurückschlenderten, den wir eben gekommen waren. Und ich antwortete, etwas beschämt: »Nein«, und schaute zugleich zum Himmel empor, dessen samtene Kuppel nun bereits ihre ersten Lichter angesteckt hatte. Da erzählte er mir von den Sternen; er wies mir den Polarstern und den Großen Bären und so manches andere Sternbild, das leicht auffindbar und ebenso leicht zu erkennen war. Mein Vater sprach jetzt ununterbrochen, ruhig und überzeugend, aber ohne je ins Lehrhafte zu verfallen. Er erzählte gewiss alles, was er von den Sternen wusste, von dem gestirnten Firmament, das sich ebenso feierlich über uns wölbte, und vielleicht war es gar nicht so viel. Mir freilich, mir wollte es erscheinen, als könne es keinen Menschen auf Gottes Erdboden geben, der so viel wusste über diese unsagbar fernen Welten. Aufgeregt, fast gierig lauschte ich – es war wie ein Märchen. Nein, es war schöner, als das schönste Märchen es sein könnte. Ich hörte von den Planeten, von den Wundern der Milchstraße, vom Ring des Saturn, von den Kanälen des Mars, und mit einem Mal sagte mein Vater – und vielleicht lächelte er dabei, nur dass ich dieses Lächeln in der zunehmenden Dunkelheit nicht sehen konnte –: »Manchmal kommt es mir vor, als wären wir alle ganz klein, ganz winzig. Und sicher bedeuten wir für das unermessliche All nicht mehr, als die kleinen Urtierchen im Wassertropfen für den Ozean bedeuten. Ja, wir sollten doch wohl weniger laut, wir sollten auch weniger stolz sein, wir sollten vor dem Himmel so etwas wie Demut lernen. Aber das ...« – und nun lächelte er, denke ich mir, fast verlegen – »das alles verstehst du ja wohl noch nicht.«

Natürlich, er hatte schon recht, ich begriff den Sinn seiner Worte nur halb. Aber ein anderes hat diese Unterhaltung zur Folge gehabt: dass ich späterhin nie mehr in nächtlicher Dunkelheit zu dem Sternenhimmel emporschauen konnte, ohne an jene Wanderung zu denken und jenen ersten kleinen Blick in die Geheimnisse des Alls ...

Nun waren wir wieder in unserer vertrauten Straße, und plötzlich, als ich schon glaubte, wir würden jetzt heimgehen, verschwand mein Vater mit den Worten »Na, warte mal ein bisschen!« in einer Kellerwirtschaft, einer kleinen, gemütlichen Kneipe, die er gelegentlich, in langen Zwischenräumen, aufzusuchen pflegte. Dort wurden auch allerlei bescheidene Süßigkeiten und Leckereien feilgeboten, und da ich nicht annehmen konnte, mein Vater würde sich an einem der weiß gescheuerten Tische niederlassen und einen Krug von dem süßen Putziger Bier trinken, während ich oben seiner harren musste, so sah ich seiner Rückkehr erwartungsvoll entgegen.

Er war auch sehr bald wieder oben. »Mit leeren Händen«, stellte ich ernüchtert und leicht enttäuscht fest. Aber dann sah ich im Schein der nächsten Straßenlaterne, wie sich seine Rocktasche so komisch bauschte, und das beruhigte mich sehr.

Mein Vater schritt ruhig weiter, und ich hütete mich sehr, ihn zu fragen oder gar Neugier merken zu lassen. Es hätte zu nichts geführt, und ich wusste ja, dass er es liebte, unsere Geduld auf die Probe zu stellen, uns dadurch zur Selbstbeherrschung zu erziehen. Also hieß es warten, und ich tat es unter Aufwand aller mir zur Verfügung stehenden kindlichen Willenskraft. Das war nicht gerade viel, und mein Vater mochte es mir anmerken. Denn als wir eine Weile gegangen waren, schien es ihm genug zu sein. Er holte zwei stattliche Tüten aus der Rocktasche heraus, öffnete sie und ließ mich hineingreifen. In der einen waren Malzbonbons, die ich damals, auch ohne Husten zu haben, besonders schätzte, in der anderen sogenanntes Studentenfutter, worunter wir eine köstliche Mischung aus Korinthen, süßen Mandeln, Haselnüssen, Walnusskernen und kleinen Stücken indischen Rohrzuckers – den es damals noch gab und der inzwischen völlig vom Markt verschwunden war – verstanden.

Ich befand mich in einem ziemlichen Dilemma. Nahm ich viel, so lief ich Gefahr, als gierig und unbescheiden von meinem Vater gescholten zu werden, als ein Junge, der kein Vertrauen verdient, weil er es sofort missbraucht. Nahm ich wenig, so mochte es aussehen, als mache ich mir nicht allzu viel aus dem süßen Zeug, und es war dies nun wieder eine bedenkliche Schädigung meiner zukünftigen Aussichten. Trotzdem entschloss ich mich, den Bescheidenen zu spielen, und siehe, es war recht getan. Denn mein Vater, der meinen spärlichen Beutezug beobachtet hatte, lächelte gutmütig und meinte: »Na, greif noch mal hinein …« Ich ließ mich natürlich nicht zweimal bitten, aber ich war trotzdem ein bisschen verwirrt. Der Nachmittag mit dem feuchten Abschluss fiel mir ein, und ich dachte: »Womit habe ich das verdient?«, und hatte so etwas wie ein schlechtes Gewissen.

Die Tüten verschwanden nun wieder in der Rocktasche. Und während wir nun gemächlich weitergingen, ergriff mein Vater meine Linke. Oh, wie klein meine Kinderhand in seiner mächtigen Pranke lag! Es war ein seltsames Gefühl für mich, so dahinzugehen, meine Hand in der seinen, doppelt seltsam, weil er uns und vor allem mich nie mit Zärtlichkeiten verwöhnt hatte. Etwas sträubte sich ein wenig in mir, weil ich doch glaubte, gar so klein nicht mehr zu sein, weil es mir ein wenig unwürdig vorkam... so mochte man Drei- oder Vierjährige an der Hand führen. Aber es war auch wieder schön und beruhigend, ja es schien mir, als ströme etwas von der Kraft, der Ruhe und vollkommenen Sicherheit des Vaters nun in mich hinüber.

Wir hatten jetzt längst die Straßenzüge, in denen ich heimisch war, die ich kannte wie den bunten Inhalt meiner Hosentasche – in der sich Bindfadenstückchen und rostige Nägel, Murmeln und ein stark beschädigtes Taschenmesser ein fragwürdiges Stelldichein gaben – hinter uns gelassen. Sperlingsgasse und Weidengasse, Straußgasse, Hirschgasse und Große Schwalbengasse und wie die Straßen auch alle heißen mochten, lagen hinter uns, irgendwo im Wesenlosen. Wir bogen bei Langgarten nach links ab, wir überquerten Mattenbuden und gingen über die Brücke, die über die Neue Mottlau führte. Einen Augenblick lehnten wir am Brückengeländer, ich sah auf die Schiffe hinab, die vor der Schäferei festgemacht hatten, und auf die breit ausladenden Oderkähne, die ihre Positionslaternen ausgesetzt hatten. Das Licht der Straßenlaternen spiegelte sich in dem schwärzlichen Wasser, ab und zu klang ein Ruf, ein Schrei von den Schiffen herauf, ein Lachen oder ein Scheltwort, ein Fluch manchmal auch, den ich nicht richtig verstand.

Mein Vater schritt in tiefe Gedanken versunken dahin; und in der langen, nur dürftig erhellten Milchkannengasse war es doppelt schön, so geborgen an seiner Seite gehen zu dürfen. Mit einem Mal schien es ihm einzufallen, dass er nicht allein war. »Und wie ist's in der Schule?«, fragte er übergangslos. »Hat euer Fräulein Liß noch immer ihr langes grünes Notizbuch?«

»Ja«, nickte ich eifrig, »sie sitzt immer noch damit auf dem Katheder während der Stunde, und manchmal schaut sie hinein, um festzustellen, wen sie lange nicht abgefragt hat. Heute kam Hinckeldey dran, und er hat wieder nichts gewusst. Da wurde sie sehr böse.«

[...]

Wieder eine Brücke – die Grüne Brücke jetzt, die über die Alte Mottlau führte. Ich habe freilich nie weder an ihr noch an dem dazugehörigen Grünen Tor irgendetwas Grünes erblicken können. Das war nun ein anderes Bild, hier war der eigentliche Binnenhafen Danzigs, hier lagen am rechtseitigen Ufer die großen Frachter, die von Schweden kamen und von Dänemark, über die Nordsee und von jenseits des Atlantiks. In langer Kette, einer hinter dem anderen, lagen sie vor den alten, mächtigen und spitzgiebeligen Speichern. Sie hatten Erze gebracht und Kohlen, Kaffee und Öl und wertvolle Stückgüter, und sie würden wenige Tage später mit Korn und Fellen, mit Holz und mit Zucker in See gehen.

Jetzt waren wir auf der Langen Brücke. Es roch nach Öl und Teer, nach dem Rauch, der dünn den Schornsteinen der auf dieser Seite festgemachten kleinen Dampfer entstieg, es roch auch nach Obst und Gemüse, das unten, am Fischmarkt, tagsüber aus den Kähnen heraus verkauft wurde.

[...]

»Wir wollen nun nach Hause gehen«, schlug er vor, plötzlich ein bisschen ernüchtert, und er ließ meine Hand los. Aber nach ein paar Schritten fasste er sie doch wieder, und es ist dieser Abend das einzige Mal gewesen, daran ich mich entsinne, wo wir beide Hand in Hand nebeneinander hergingen. [...]

Als wir wieder die Wohnung betraten, kam meine Mutter uns aufgeregt entgegen. »Wo wart ihr nur all die Zeit?«, sagte sie, und ihre Augen umfingen mich, als wäre ich der verlorene Sohn, der endlich wieder, nach Jahren, die heimatliche Scholle überschreitet.

»Wo sollen wir gewesen sein?«, gab mein Vater zurück. »Wir wanderten durch die Stadt, ich musste noch ein bisschen Luft schnappen, mit meinem Herzen ist wieder mal was nicht ganz in Ordnung. War es wenigstens schön?«, wandte er sich dann an mich, mit einem Lächeln, als hätten wir miteinander ein Geheimnis.

»Sehr schön!«, nickte ich begeistert und gähnte gleichzeitig herzhaft, denn ich war rechtschaffen müde. [...]

Wolfgang Federau

ABER ES WAR AUCH WIEDER
SCHÖN UND BERUHIGEND,
JA ES SCHIEN MIR,
ALS STRÖME ETWAS VON DER
KRAFT, DER RUHE UND
VOLLKOMMENEN SICHERHEIT
DES VATERS NUN IN MICH
HINÜBER.

PICKNICK IN DER ABENDDÄMMERUNG

ZUR RANCH MEINER GROSSTANTE MAGGIE, die auf der anderen Seite der Berge liegt, braucht man heute von Los Angeles aus ein paar Stunden, aber als ich das erste Mal dorthin fuhr, brauchten wir fast den ganzen Tag.

Heute werden die Straßen sogar im All-Year-Round Club erwähnt, aber im September 1918, kurz vor Kriegsende, verdienten sie kaum die Bezeichnung Straße. In der Nähe der Stadt waren sie geteert, ja, aber wenn man weiter in die Berge und dann in Richtung Wüste fuhr, verwandelten sie sich in Feldwege. Gegen Ende gab es lediglich zwei Fahrrinnen, die durch die Joshua Trees führten.

Meine kleine Schwester Anne und ich waren das erste Mal von zu Hause weg. Vater fuhr uns mit Mutter im Ford hin, damit wir unseren Verwandten beim Einwecken helfen konnten. Für die Eltern hatten wir Bier dabei, das in der Hitze explodierte; für Anne und mich und für das Auto Wasser. Wir hatten vier Reifenpannen, aber da hätten wir noch Glück gehabt, meinte Vater, während er in der heißen Sonne gelassen die Reifen flickte; auf einer derart langen und anstrengenden Fahrt hatte er doppelt so viele erwartet.

Die Ranch war großartig; alte, ehemalige Soldaten und lautstarke Jungs pflückten den ganzen Tag lang Pfirsiche oder die frühen Birnen, nachts sangen und stritten sie in den Schlafbaracken. Wir durften uns ihnen nicht nähern, auch nicht dem Pferch in der Mitte eines grünen Alfalfa-Feldes, wo ein neuer Preisbulle, der schwarz war wie die Nacht, im bleichen Sand scharrte.

Die meiste Zeit verbrachten wir an einem Wasserlauf unter Pappeln oder wir beobachteten Old Mary, die alte Köchin, wie sie in einem großen Butterfass zwischen ihren bergigen Knien Butter machte. Dann formte sie die Butter zu Fladen und ließ sie ins Wasser gleiten. Sie wurden in der dunklen Kühle des Butterhauses aufbewahrt. Dort deponierte sie auch Steinkrüge mit Sahne und Drahtkörbe mit Eiern und Salat. Wenn sie diese wie ins Netz gegangene Fische hochzog und uns dabei mit kaltem Wasser bespritzte, dann lachte sie genauso wie wir.

Vater musste zum Arbeiten wieder zurück. Mutter sollte auf der Ranch bleiben, um weiter beim Obsteinwecken zu helfen. Anne und ich fuhren mit Vater allein nach Hause, was genauso aufregend war, wie das erste Mal allein von zu Hause weg zu sein.

Heute gibt er zu, dass er große Angst davor gehabt hatte, obwohl unsere Großmutter auch zu Hause war, um wie immer auf uns aufzupassen. Er sei nervös gewesen, als er die Ranch mit zwei kleinen Monstern verließ, die neben ihm auf dem heißen Sitz saßen und ihm plötzlich fremd vorkamen. Wahrscheinlich hat er sich mit uns unterhalten – ich kann mich nicht mehr so genau erinnern –, aber ich weiß, dass er kein einziges Bier getrunken hat. Das wäre vor zwei jungen Damen ohne Begleitung nicht schicklich gewesen.

Wir hatten die Wüste hinter uns gelassen und fuhren bei Sonnenuntergang an den tief eingeschnittenen, kurvenreichen Canyons entlang. Dann folgte die Straßenführung sanft dem Flussbett, und wir fuhren unter Eichen, die in den trockenen Bergtälern in diesem Teil Kaliforniens wachsen. An einer kleinen Hütte, wo man Wasser kaufen konnte, hielten wir an und setzten uns unter einem riesigen goldbraunen Baum an einen Tisch.

Vater sagte, ich solle Anne ein Stück runter zum ausgetrockneten Flussbett führen. Ich fühlte mich sehr erwachsen. Als wir zurückkamen, hielten wir unsere Hände unter den Wasserhahn und trockneten sie an unseren Unterhosen ab, was wir bei unserer Mutter niemals gedurft hätten. Dann saßen wir drei in der Abenddämmerung auf einer rauen Bank am Tisch und aßen unser Abendbrot. Anne und ich, wir hatten eine leise Aufregung verspürt, weil wir mit dem einzigen Mann auf der Welt, den wir liebten, zum ersten Mal allein waren. Natürlich liebten wir Mutter auch, aber wie Vater hatten auch wir entdeckt, dass es gut ist, wenn Kinder manchmal nur mit einem Elternteil zusammen sind, entweder mit dem Vater oder der Mutter. Dann kommen ganz neue Töne zwischen Eltern und Kindern zum Klingen.

Vater teilte den Kuchen in drei Teile, die er auf weiße Suppenteller gab, und löffelte dann die dicke Sahne heraus. Statt mit Gabeln, die wir bei Mutter benutzten, aßen wir mit Löffeln und schwebten im siebten Himmel.

Nicht nur hatte ich an diesem Abend meinen Vater zum ersten Mal als Person wahrgenommen, ich sah auch die goldenen Berge und die Eichen so klar wie nie zuvor und die Grübchen in den dicken Händen meiner kleinen Schwester in einer Art, die mich immer noch bewegt. Das Essen erlebte ich als etwas Wunderschönes, das es mit Menschen zu teilen gilt, und nicht als etwas, das man dreimal täglich aus Notwendigkeit einnahm.

Was wir gegessen haben, weiß ich nicht mehr, bis auf den Nachtisch. Es war ein großer runder Pfirsichkuchen, noch warm von Old Marys Backrohr und von der Fahrt durch die Wüste. Er war sehr saftig und dick mit reifen Pfirsichen belegt, die am Mittag gepflückt worden waren. Vater sagte, es wären *Royal Albertas.* Nie zuvor hatte ich so eine schmackhafte Kruste gegessen, außer vielleicht einmal auf einem heißen Pflaumenkuchen bei *Simpson's* in London. Dazu gab es Schlagsahne aus einem Glas, das wir im Fluss gekühlt hatten. Vater teilte den Kuchen in drei Teile, die er auf weiße Suppenteller gab, und löffelte dann die dicke Sahne heraus. Statt mit Gabeln, die wir bei Mutter benutzten, aßen wir mit Löffeln und schwebten im siebten Himmel.

Wir aßen den ganzen Kuchen und die Sahne – ob wir auch dem Mann, der Wasser verkaufte, Sahne gaben, weiß ich nicht mehr und dann fuhren wir schläfrig nach Los Angeles. Wir haben nie darüber gesprochen, aber für uns war es eine der besten Mahlzeiten, die wir je genossen haben. Vielleicht, weil es für mich die erste bewusste Mahlzeit war, aber ich nehme an, dass es noch andere Gründe gab, weshalb es so wichtig war. Ich glaube, dass jeder einmal so etwas erlebt. Jedenfalls hoffe ich es.

Heute führen Super-Highways durch die Berge, und ich könnte nicht mehr sagen, ob wir an jenem Abend im Mint Canyon oder in Bouquet saßen – schließlich sind seither mehr als fünfundzwanzig Jahre vergangen. Trotzdem, der warme runde Pfirsichkuchen und die kühle gelbliche Sahne, die wir in dieser Augustnacht aßen, schmecken wir seither auf unseren Gaumen – saftig, geheimnisvoll und delikat.

MFK Fisher

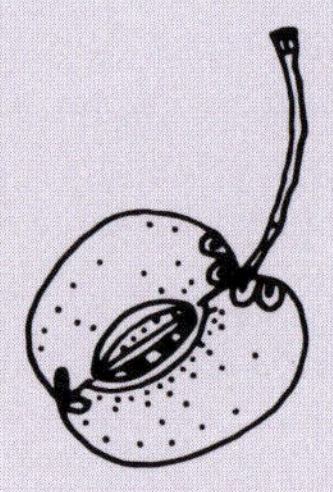

MEINE KINDERJAHRE

DAS HAUS, zumal die eigentlichen Wohnräume, waren, das Mindeste zu sagen, anfechtbar; entzückend aber waren Hof und Garten.

Zunächst der Hof. Dieser glich mehr oder weniger einer Ackerwirtschaft, worüber mein Vater, dessen Neigungen samt und sonders nach der landwirtschaftlichen Seite hin lagen, außerordentlich befriedigt war. Aber auch wir Kinder waren es, ich an der Spitze. Da waren natürlich Pferde-, Kuh- und Schweineställe, Gesindestuben (sonderbarerweise mit Taubenhaus), Torf- und Heuboden, Roll- und Häckselkammer und endlich eine riesengroße Wagenremise, die zugleich als Holzstall diente. Neben der Remise lag ein mit allerhand gläsernen und namentlich irdenen Vorratsflaschen besetzter Keller, der, zumal in Herbst- und Frühjahrstagen, eine besondere Vergnügungsstätte für uns bildete. Dann stieg hier das Grundwasser und schuf auf Wochen hin etwas wie eine kleine Überschwemmung. Anfangs half man sich mit Kloben und Bretterlagen; stieg das Wasser aber immer höher, so schafften wir Kinder schließlich Kufen und Waschfässer hinunter, auf denen wir nun, einen Riesenspatel statt des Ruders in der Hand, umherfuhren, um als Seeräuber an den vier »Küsten« anzulegen. An diesen hausten wir dann unerbittlich und setzten, uns gütlich tuend, die sonderbar geformten Krüge mit Himbeer- und Johannisbeersaft wie große Methörner an den Mund. »Wo nur immer die Fruchtsäfte bleiben?«, sagte dann wohl mein Vater und schüttelte den Kopf.

Ja, dieser Hof! An drei Seiten war er von allerhand Baulichkeiten eingefasst; an der vierten aber zog sich ein mit Eisenspitzen besetzter hoher Bretterzaun hin, an dem entlang und in Höhe noch weit über ihn hinauswachsend prächtiges Buchenklafterholz dicht aufgeschichtet lag, ein Anblick, der mich bei meiner Spiel- und Kletterlust gleich im ersten Augenblick erkennen ließ: Hier ist's gut sein.

Und was für den Hof galt, galt auch, und womöglich noch gesteigert, für den in einem rechten Winkel angelegten, also einen Knick machenden Garten, der durch eben diesen Knick aus zwei gleich großen Teilen bestand. Die erste Hälfte, mit Reseda und Ritterspornbeeten, mit Rabatten und Rondells und nicht zuletzt mit allerhand am Spalier gezogenen Obstarten besetzt, war ein richtiger Garten, während die zweite Hälfte mehr einer Wildnis glich. Aber freilich einer sehr malerischen. An ein paar schon vom Wind gebeugten und deshalb schräg stehenden und die verwunderlichsten Linien aufweisenden Zäunen entlang zogen sich hier die Himbeer- und Johannisbeersträucher in geradezu wuchernden Massen, bis ganz zuletzt ein schon auf Nachbars Seite stehender und an Größe fast einem Baum gleichender Berberitzenstrauch seine mit den prächtigsten roten Früchten überdeckten Zweige herüberreichte.

DIESE ZWEITE GARTENHÄLFTE WAR UNSER REICH. DA SPIELTEN WIR HALBE TAGE LANG UND LEGTEN BURGEN AN ODER TURNTEN AM RECK ODER BRACHEN PLANKEN AUS DEM ZAUN UND ZOGEN AUF RAUB IN DIE NACHBARGÄRTEN.

Schöner aber als alles das war, für mich wenigstens, eine zwischen zwei Holzpfeilern angebrachte, ziemlich baufällige Schaukel. Der quer überliegende Balken fing schon an, morsch zu werden, und die Haken, an denen das Gestell hing, saßen nicht allzu fest mehr. Und doch konnt' ich gerade von dieser Stelle nicht los und setzte meine Ehre darin, durch abwechselnd tiefes Kniebeugen und elastisches Wiederemporschnellen die Schaukel derartig in Gang zu bringen, dass sie mit ihren senkrechten Seitenbalken zuletzt in eine fast horizontale Lage kam. Dabei quietschten die rostigen Haken, und alles drohte zusammenzubrechen. Aber das gerade war die Lust, denn es erfüllte mich mit dem wonnigen und allein das Leben bedeutenden Gefühl: Dich trägt dein Glück.

Theodor Fontane

Tage des Lesens

ES GIBT VIELLEICHT keine Tage unserer Kindheit, die wir so voll erlebt haben wie jene, die wir glaubten verstreichen zu lassen, ohne sie zu erleben, jene nämlich, die wir mit einem Lieblingsbuch verbracht haben. Alles, was sie, wie es schien, für die andern erfüllte und was wir wie eine vulgäre Unterbrechung eines göttlichen Vergnügens beiseiteschoben: das Spiel, zu dem uns ein Freund bei der interessantesten Stelle abholen wollte; die störende Biene oder der lästige Sonnenstrahl, die uns zwangen, den Blick von der Seite zu heben oder den Platz zu wechseln; die für die Nachmittagsmahlzeit mitgegebenen Vorräte, die wir unberührt neben uns auf der Bank liegen ließen, während über unserm Haupt die Sonne am blauen Himmel unaufhaltsam schwächer wurde; das Abendessen, zu dem wir zurück ins Haus mussten und währenddessen wir nur daran dachten, sogleich danach in unser Zimmer hinaufzugehen, um das unterbrochene Kapitel zu beenden, all das, worin unser Lesen uns nur Belästigung hätte sehen lassen müssen, grub im Gegenteil eine so sanfte Erinnerung in uns ein (die nach unserm heutigen Urteil um so vieles kostbarer ist als das, was wir damals mit Hingabe lasen), dass, wenn wir heute manchmal in diesen Büchern von einst blättern, sie nur noch wie die einzigen aufbewahrten Kalender der entflohenen Tage sind, und es mit der Hoffnung geschieht, auf ihren Seiten die nicht mehr existierenden Wohnstätten und Teiche sich widerspiegeln zu sehen.

Wer erinnert sich nicht wie ich des Lesens während der Ferien, das man nacheinander in all jenen Stunden des Tages barg, die hinreichend friedlich und unverletzlich waren, um ihm Asyl zu gewähren. Morgens, nach der Rückkehr aus dem Park, wenn alle zu einem Spaziergang aufgebrochen waren, schlüpfte ich in das Esszimmer, das bis zu der noch fernen Stunde des Mittagessens niemand, bis auf die alte, verhältnismäßig stille Félicie, betreten würde und wo ich als dem Lesen besonders gewogene Gefährten nur die an der Wand hängenden bemalten Teller hatte, den Kalender, dessen vortägiges

Blatt frisch abgerissen worden war, die Standuhr und das Feuer, die beide sprechen, ohne zu erwarten, dass man ihnen antwortet, und deren sanfte, sinnlose Sätze nicht wie die Worte der Menschen einen andern Sinn an die Stelle der Wörter setzen, die man liest. Ich ließ mich auf einem Stuhl vor dem kleinen Holzfeuer nieder, von dem der früh aufstehende und gärtnernde Onkel während des Mittagessens sagen würde: »Das ist gar nicht übel. Man kann ganz gut ein bisschen Feuer vertragen. Ich kann euch versichern, dass es heute Morgen um sechs im Garten noch hübsch kalt war. Wenn man bedenkt, dass in acht Tagen Ostern ist!« Bis zum Mittagessen, das leider dem Lesen ein Ende setzen würde, waren es noch zwei volle Stunden. Von Zeit zu Zeit hörte man das Geräusch der Pumpe, aus der gleich das Wasser fließen würde und durch die man veranlasst wurde, den Blick zu heben, um sie durch das geschlossene Fenster zu betrachten, hier, ganz nah, auf dem einzigen Weg des Gärtchens, das seine mit Stiefmütterchen bepflanzten Beete mit Ziegeln und halbmondförmigen Fayencen einfasste: Stiefmütterchen, die an den allzu schönen Himmeln gepflückt zu sein schienen, an den bunt schillernden Himmeln, als ob sich die Kirchenfenster darin spiegelten, und die man zuweilen zwischen den Dächern des Dorfes sah, an den trüben Himmeln, die vor den Gewittern erschienen oder danach, sehr spät, wenn der Tag schon zu Ende ging. Leider kam die Köchin lange im Voraus, um den Tisch zu decken; und wenn sie ihn wenigstens gedeckt hätte, ohne zu sprechen! Aber sie glaubte sagen zu müssen: »Sie sitzen nicht bequem; soll ich Ihnen einen Tisch heranrücken?« Und nur, um »Nein, vielen Dank!« zu antworten, musste man plötzlich innehalten und von weit her seine Stimme holen, die hinter den Lippen geräuschlos eilig alle Wörter nachsprach, die die Augen gelesen hatten; man musste sie anhalten, sie hervortreten lassen und, damit sie höflich »Nein, vielen Dank!« sage, ihr den Anschein von gewöhnlichem Leben und den Tonfall einer Antwort geben, den sie verloren hatte. Die Zeit verging; oft begannen lange vor dem Mittagessen schon jene in das Esszimmer zu treten, die, weil sie ermüdet waren, den Spaziergang abgekürzt und »den Weg über Méréglise« genommen hatten, oder auch jene, die an diesem Vormittag überhaupt nicht weggegangen waren, weil sie »zu schreiben« hatten. Sie sagten wohl: »Lass dich nicht stören«, aber begannen doch bald, sich dem Feu-

Trotz der Gefahr einer Strafe, wenn ich entdeckt würde, und trotz der Schlaflosigkeit, die sich nach Beendigung des Buches vielleicht über die ganze Nacht hinziehen würde, zündete ich dann, nachdem meine Eltern schlafen gegangen waren, meine Kerze wieder an …

er zu nähern, nach der Uhrzeit zu sehen und zu erklären, dass das Mittagessen nicht unwillkommen wäre. [...] Einige setzten sich, ohne noch länger zu warten, zu Tisch, an ihren Platz. Das brachte mich in tiefe Betrübnis, denn es würde ein schlechtes Beispiel für die andern Ankommenden sein, würde den Eindruck erwecken, dass es bereits zwölf Uhr sei, und meine Eltern zu früh das verhängnisvolle Wort sprechen lassen: »Komm, klapp dein Buch zu, wir wollen essen.« [...]

Nach dem Mittagessen nahm ich meine Lektüre sofort wieder auf; besonders wenn der Tag warm war, zog jeder sich in sein Zimmer zurück, was mir erlaubte, über die kleine Treppe mit den engen Stufen sofort in das meinige zu gehen, das in dem einzigen Stockwerk lag, das so niedrig war, dass man nach dem Übersteigen des Fensterbretts nur einen Kindersprung hätte zu tun brauchen, um auf die Straße zu gelangen. Ich ging zum Fenster, um es zu schließen, ohne dabei den Gruß des Büchsenmachers gegenüber vermeiden zu können, der unter dem Vorwand, seine Rollläden herunterzulassen, jeden Tag nach dem Mittagessen seine Pfeife vor der Tür rauchte und den Vorübergehenden einen guten Tag wünschte, die dann manchmal stehen blieben, um mit ihm zu plaudern. [...]

Ich konnte nie lange in meinem Zimmer lesen, da musste ich in den einen Kilometer vom Dorf entfernten Park gehen. Doch nach dem auferlegten Spiel kürzte ich das Ende der Nachmittagsmahlzeit ab, die in Körben mitgebracht und am Ufer des Flusses im Gras an die Kinder verteilt worden war, dort, wo auch das Buch lag, das wieder zu nehmen verboten war. Etwas weiter entfernt, in ziemlich ungepflegten und geheimnisvollen Tiefen des Parks, hörte der Fluss auf, ein gradliniger, künstlicher Wasserlauf zu sein, auf dem Schwäne schwammen und der von Wegen mit lächelnden Statuen eingefasst war; er durcheilte, während manchmal Karpfen aus seinem Wasser sprangen, die Einfriedung des Parks und wurde zu einem Fluss im geografischen Sinn des Wortes – einem Fluss, der einen Namen haben musste – und zögerte nicht (wirklich derselbe wie der zwischen den Statuen und unter den Schwänen?), sich zwischen die Wiesen zu ergießen, auf denen Rinder schliefen und deren Butterblumen er umspülte, Wiesen, die durch ihn ziemlich sumpfig wurden und auf der einen Seite durch unförmige Türme, die, wie man sagte, Reste aus dem Mittelalter waren, mit dem Dorf zusammenhingen und auf der anderen Seite durch ansteigende, mit Heckenrosen und Weißdornhecken bewachsene Wege bis in die »freie Natur« reichten, die sich ins Endlose erstreckte, bis zu Dörfern, die andere Namen hatten, bis ins Unbekannte. Ich ließ die andern im unteren Teil des Parks am Ufer der Schwäne ihre Mahlzeit beenden und rannte in dem Labyrinth aufwärts bis zu einer Haselhecke, wo ich mich, unauffindbar, niederließ und mich an die gestutzten Haselsträucher lehnte, von wo aus ich das Spargelfeld sah, die mit Erdbeeren bepflanzten Umrandungen, das Becken, aus dem an manchen Tagen im Kreis gehende Pferde Wasser heraufschöpften, das weiße Tor, das das obere »Ende des Parks« darstellte, und jenseits davon die Felder mit Kornblumen und Mohnblumen. In dieser Haselhecke herrschte tiefe Stille, und die Gefahr, entdeckt zu werden, war sehr klein; die Sicherheit wurde noch süßer durch die fernen Stimmen derer, die von unten vergeblich nach mir riefen, die manchmal sogar näher kamen, die ersten Böschungen heraufstiegen, überall suchten, aber schließlich wieder umkehrten, da sie mich nicht gefunden hatten; dann kein Geräusch mehr; nur von Zeit zu Zeit der goldene Ton der Glocken, die in der Ferne, jenseits der Ebenen hinter dem blauen Himmel, zu ertönen schienen und mich über die verstreichende Zeit hätten unterrichten können, doch von ihrer Sanftheit überrascht und durch das darauf folgende noch tiefere, auch von den letzten Tönen befreite Schweigen verwirrt, war ich der Schläge niemals sicher. Es waren nicht die dröhnenden Glocken, die man bei der Rückkehr ins Dorf hörte –wenn man sich der Kirche näherte, die in der Nähe wieder ihre hohe starre Gestalt angenommen hatte und ihre von Raben gepunktete Schieferhaube in das Blau des Abends reckte –, wie sie den Ton in Splittern auf dem Platz umherfliegen ließen »für die Güter der Erde«. Sie kamen nur abgeschwächt und sanft bis zum Ende des Parks, sich nicht mehr an mich richtend, sondern an alle Dörfer, an die auf ihren Feldern verstreuten Bauern, sie zwangen mich keineswegs, den Kopf zu heben, sie gingen nahe an mir vorbei, die Stunde in ferne Länder tragend, ohne mich zu sehen, ohne mich zu kennen und ohne mich zu stören.

Und manchmal schützten auch zu Hause im Bett, lange nach dem Abendessen, die letzten Stunden des Tages meine Lektüre, doch dies nur an Tagen, an denen ich die letzten Kapitel eines Buches erreicht hatte und bis zum Ende nicht mehr viel zu lesen blieb. Trotz der Gefahr einer Strafe, wenn ich entdeckt würde, und trotz der Schlaflosigkeit, die sich nach Beendigung des Buches vielleicht über die ganze Nacht hinziehen würde, zündete ich dann, nachdem meine Eltern schlafen gegangen waren, meine Kerze wieder an; während über der nahen Straße zwischen dem stumm daliegenden Haus des Büchsenmachers und der Post der dunkle und doch blaue Himmel voller Sterne war und man links über dem erhöhten Gässchen, wo dessen sich wendender Aufstieg begann, die Apsis der Kirche ungeheuerlich und schwarz wachen fühlte, der dörflichen und historischen Kirche, deren Skulpturen in der Nacht nicht schliefen, magischer Aufenthaltsort des lieben Gottes, des geweihten Gebäcks, der vielfarbigen Heiligen und der Damen der benachbarten Schlösser, die an den Festtagen beim Überqueren des Marktes die Hühner gackern und die Klatschtanten gaffen ließen, wenn sie in ihren Kutschen zur Messe kamen, nicht ohne vor der Rückkehr beim Konditor auf dem Platz, unmittelbar nachdem sie den Schatten des Portals verlassen hatten, über das die Gläubigen durch das Aufstoßen der Klapptür die umherirrenden Rubine des Schiffes säten, ein paar jener turmförmigen, durch eine Markise vor der Sonne geschützten Kuchen zu kaufen – »Manqués«, »Saint-Honorés« und »Génoises« –, deren müßiggängerischer und süßer Geruch für mich mit den Glocken des Hochamts und der Fröhlichkeit der Sonntage verbunden bleibt.

Dann war die letzte Seite gelesen, das Buch war beendet. Ich musste den eiligen Lauf der Augen anhalten und den der ihnen lautlos folgenden Stimme, der nur abbrach, um in einem tiefen Seufzer Atem zu schöpfen. Nun, um den zu lange schon in mir entfesselten Tumulten, damit sie sich beruhigen könnten, andere Bewegungen zu verschaffen, erhob ich mich und begann neben meinem Bett auf und ab zu gehen, die Augen noch auf einen Punkt geheftet, den man vergeblich innerhalb oder außerhalb des Zimmers gesucht hätte, denn er lag nur in einem Abstand von der Seele, einem jener Abstände, die nicht wie die andern in Metern oder Meilen gemessen werden und die im Übrigen unmöglich mit diesen verwechselt werden können, wenn man die »abwesenden« Blicke jener betrachtet, die »an etwas anderes« denken. Aber wie? Das Buch war nicht mehr als das?

Marcel Proust

EIN GESCHENKTER TAG

SIMON WECKTE UNS am nächsten Morgen, er war im Dorf gewesen, um Croissants zu holen.

»Bei Pidoule?«, fragte ich gähnend.

»Bei Pidoune.«

Heute ließ Vincent das Tor zu.

»Aufgrund von Steinschlag geschlossen«, hatte er auf ein Stück Pappe geschrieben.

Er zeigte uns die Kapelle. Nono und er hatten das Klavier aus dem Schloss vor den Altar geschleppt, und die himmlischen Engel auf Erden konnten im Rhythmus swingen.

Wir bekamen ein Extra-Konzert geboten.

Es war witzig, an einem Sonntagmorgen hier zu sein, im Licht, das durch die Kirchenfenster fiel, brav und andächtig auf einem Betstuhl zu sitzen und eine neue Version von Klopf Klopf on heaven's door zu hören.

Lola wollte das Schloss von oben bis unten besichtigen. Ich bat Vincent, seine Show für uns noch einmal zu geben. Wir kugelten uns vor Lachen.

Er zeigte uns alles: den Teil, in dem die Schlossherrin wohnte, ihre Mieder, ihren Nachtstuhl, ihre Biberrattenfallen, ihre Rezepte für Biberrattenpastete, ihre Schnapsflasche und ihr altes Telefonbuch der besseren Gesellschaft, das vom vielen Anfassen ganz speckig war. Dann die Speisekammer, den Keller, die Nebengebäude, die Sattlerei, das Jagdschlösschen und den ehemaligen Wehrgang.

Simon staunte über den Einfallsreichtum der Architekten und anderer Experten für Befestigungsanlagen. Lola sammelte Kräuter.

Ich saß auf einer steinernen Bank und beobachtete die drei.
Meine Brüder stützten sich auf die Brüstung oberhalb des Wassergrabens. Simon sah so aus, als würde er seine letzten Modellfahrzeuge vermissen … Ach, wenn nur Sessil Dabbelju hier wäre. Vincent schien seine Gedanken zu lesen, denn er sagte:
»Vergiss deine Boote. In dem Graben tummeln sich riesige Karpfen. Die würden sie in Null Komma nichts verschlingen.«
»Echt?«
Verträumte Stille, Streicheln des Mooses auf dem Geländer …
»Im Gegenteil«, flüsterte unser Kapitän Ahab, »das wäre erst recht lustig. Ich sollte mit Léo wiederkommen. Wenn große Fische diese Spielsachen verschlingen, die er selbst nie anfassen durfte, etwas Besseres könnte uns beiden gar nicht passieren …«
Was danach gesagt wurde, habe ich nicht gehört, aber ich sah, wie sie sich abklatschten, als hätten sie einen guten Deal gemacht.

Und meine geliebte Lola auf Knien, wie sie inmitten von Margeriten und Duftwicken malte. Der Rücken meiner Schwester, ihr großer Hut, die weißen Schmetterlinge, die sich darauf wagten, die Haare, in die sie einen ihrer Pinsel gesteckt hatte, damit sie nicht nach vorn fielen, ihr Nacken, ihre Arme, die wegen einer noch frischen Scheidung ganz schmal geworden waren, und der untere Teil ihres T-Shirts, an dem sie zog, um die Farben abzutupfen. Eine Palette aus weißer Baumwolle, die sie peu à peu mit Aquarellfarben versah …
Noch nie hatte ich es so sehr bedauert, meinen Fotoapparat nicht dabeizuhaben.

Man kann es auf die Müdigkeit schieben, aber ich ertappte mich tatsächlich dabei, wie mir ganz warm ums Herz wurde. Eine große Welle der Zärtlichkeit für die drei und der plötzliche Gedanke, dass wir im Begriff waren, aus unseren Kinderschuhen herauszuwachsen …
Seit fast dreißig Jahren gehörten sie zu mir … Was wäre ich ohne sie? Und wann würde uns das Leben trennen?
Denn so ist es doch. Die Zeit trennt diejenigen, die sich lieben, und nichts ist von Dauer.

Was wir gerade erlebten, und darüber waren wir uns alle vier im klaren, war ein kleiner Nachschlag. Ein Aufschub, ein geschenkter Tag, ein gnädiger Moment. Ein paar Stunden, die wir den anderen abtrotzten ...
Wie lange noch hätten wir die Energie, uns aus dem Alltag zu stehlen und zusammen auszubüxen? Wie oft würden wir dem Leben noch eine lange Nase machen? Wie viele freie Tage würde es uns noch zugestehen? Wie viele kleine Fluchten? Wann würden wir uns gegenseitig verlieren, und auf welche Weise würden wir auseinandergehen?

Wie viele Jahre noch, bis wir alt wären?

Und ich weiß, es war uns allen bewusst. Ich kenne uns gut.
Aus gegenseitiger Rücksichtnahme sprachen wir nicht darüber, aber auf dieser Etappe unseres Lebenswegs wussten wir es genau.
Dass wir am Fuße dieser Schlossruine das Ende einer Epoche erlebten und dass die Zeit der Mauser näher rückte. Dass wir diese Vertrautheit, diese Zuneigung, diese etwas rauhe Liebe ablegen mussten. Uns davon lösen mussten. Die Hände loslassen und endlich erwachsen werden.
Die Daltons mussten schließlich auch ihre eigenen Wege gehen, jeder für sich, dem Sonnenuntergang entgegen ...
Blöd, wie ich bin, hatte ich es fast geschafft, mich selbst zu Tränen zu rühren, als ich am Ende des Sträßchens etwas entdeckte.
Was konnte das sein?
Ich kniff die Augen zusammen und richtete mich auf.
Ein Tier, ein kleines Tier schleppte sich mühsam in meine Richtung.
War es verletzt? Was war das bloß?
Ein Fuchs?
Ein Fuchs mit einer Urinprobe, den Carine losgeschickt hatte?
Ein Kaninchen?

Es war ein Hund.
Es war unglaublich.
Es war der Hund, den ich gestern vom Auto aus gesehen hatte, der in der Heckscheibe verschwunden war ...

Es war der Hund, dessen Blick ich einige hundert Kilometer von hier gekreuzt hatte.
Nein, er konnte es nicht sein. Oder doch …
Hm, bald könnte ich in »Herrchen gesucht« auftreten!
Ich ging in die Hocke und streckte ihm die Hand hin. Er hatte nicht einmal mehr die Kraft, mit dem Schwanz zu wedeln. Er machte noch drei Schritte und brach vor meinen Füßen zusammen.

Sekundenlang habe ich mich nicht bewegt. Ich hatte mächtig Bammel. Ein Hund war gekommen, um zu meinen Füßen zu sterben.

Von wegen, nach einer Weile begann er vor Schmerzen zu wimmern und versuchte dabei, seine Pfote abzulecken. Er blutete.

Lola kam zu mir und fragte:
»Huch, wo kommt denn dieser Hund her?« Ich hob den Kopf, sah sie an und antwortete mit schwacher Stimme:
»Ich spinne.«

Er hatte jetzt die volle Aufmerksamkeit von uns allen. Vincent war losgezogen, um Wasser für ihn zu holen, Lola bereitete was zu fressen für ihn zu, und Simon hatte aus dem kleinen gelben Salon ein Kissen stibitzt.

Der Hund soff wie ein Loch und plumpste in den Staub. Wir trugen ihn in den Schatten.

Eine völlig verrückte Geschichte.

Dann bereiteten wir ein Picknick vor und gingen hinunter zum Fluss. Der Gedanke, der Hund könnte bei unserer Rückkehr womöglich verendet sein, schnürte mir die Kehle zu. Aber schließlich … er hatte sich eine schöne Stelle dafür ausgesucht. Und die besten Klageweiber …

Die Jungs verkeilten die Flaschen zwischen den Steinen am Wasser, während wir eine Decke ausbreiteten. Wir setzten uns, und Vincent sagte:
»Schau, da ist er wieder …«

Wir lagen im Gras, bestürmten
einander mit Fragen, wurden
von allen möglichen Insekten
gebissen, veralberten uns
und zogen uns Lachkrämpfe und
Sonnenbrände zu.

Der Hund hatte sich von neuem zu mir geschleppt. Er rollte sich zusammen, kuschelte sich an mein Bein und schlief gleich wieder ein.

»Ich glaube, er will dir was sagen«, meinte Simon.
Sie lachten alle drei und machten sich über mich lustig:
»He Garance, zieh nicht so ein Gesicht! Er liebt dich, das ist alles. Komm schon ... Cheese ... So schlimm ist es doch gar nicht.«

»Aber was soll ich denn mit einem Köter?! Könnt ihr euch vorstellen, wie ich zusammen mit einem Hund in meiner winzigen Einzimmerwohnung im sechsten Stock hause?«
»Du kannst nichts dafür«, sagte Lola, »denk an dein Horoskop. Du wirst von Venus im Löwen beherrscht, damit musst du dich einfach abfinden. Das ist die große Begegnung, auf die du dich vorbereiten solltest. Ich hatte dich gewarnt ...«
Sie amüsierten sich noch mehr.
»Nimm es als Zeichen des Schicksals«, sagte Simon, »der Hund kommt zu deiner Rettung ...«
»... damit du ein gesünderes, ausgeglicheneres Leben führst«, bekräftigte Lola.
»... damit du morgens aufstehst und mit ihm Gassi gehst«, setzte Simon nach, »damit du dir einen Jogginganzug kaufst und am Wochenende ins Grüne fährst.«
»Damit du einen geregelten Tagesablauf hast, damit du Verantwortung übernimmst«, stimmte Vincent zu.
Ich war am Ende.
»Scheiße, alles, bloß nicht joggen ...«

Vincent, der eine Flasche aufmachte, sagte schließlich:
»Außerdem ist er ganz süß.«
Tja, das sah ich genauso. Seine Haut schälte sich, sein Fell war zerfressen, er war eine armselige, schorfbedeckte, zerlumpte Promenadenmischung, aber – unwiderstehlich.
»Nach allem, was er auf die Beine gestellt hat, um dich zu finden, bringst du es doch nicht übers Herz, ihn im Stich zu lassen, hoffe ich?«
Ich beugte mich vor und betrachtete ihn. Er roch schon ein bisschen merkwürdig.

»Willst du ihn ins Tierheim stecken?«
»He, wieso ich? Wir haben ihn zusammen gefunden, wenn ich euch daran erinnern darf!«
»Sieh nur«, stieß Lola aus, »er lächelt dich an!«
Fuck. Es stimmte. Er hatte sich umgedreht und ganz schwach mit dem Schwanz gewedelt, dabei die Augen geöffnet und in meine Richtung geschaut.
Oh! Warum? Warum ich? Würde er überhaupt in mein Fahrradkörbchen passen? Und was war mit der Concierge, die mir gegenüber ohnehin schon große Ressentiments hegte ...
»Und was frisst so ein Tier?«
»Und wie lange lebt es?«
»Und die kleinen Tütchen, mit denen man die Hundekacke aufliest? Die Leine, die automatisch blockiert, die albernen Gespräche mit den Nachbarn, die nach dem Film gemeinsam das Bein heben gehen, und die Behälter zur Entsorgung von Hundekot?«
Mein Gott!

Der Bourgueil war ziemlich kühl. Wir knabberten auf Schweinegrieben, futterten Brote, die dick mit Rillettes bestrichen waren, genossen lauwarme, süßlich schmeckende Tomaten und mit Asche gepuderten Ziegenkäse sowie Birnen direkt aus dem Garten.

Es ging uns gut. Das Wasser gluckerte, der Wind fuhr durch die Bäume, und die Vögel schwatzten. Die Sonne spielte mit dem Fluss, tauchte auf, verzog sich wieder, torpedierte die Wolken und strich über die Böschung. Mein Hund träumte von Pariser Asphaltstraßen und knurrte vor Glück, und die Fliegen ärgerten uns.

Wir sprachen über dieselben Dinge wie als wir zehn, fünfzehn oder zwanzig waren, das heißt über Bücher, die wir gelesen, Filme, die wir gesehen, Musik, die wir gehört hatten, und Internetseiten, auf die wir gestoßen waren. Über das Digitalisierungsprojekt der Nationalbibliothek, die vielen neuen Online-Schätze, Musiker, die uns imponierten, über Zugbilletts, Konzertkarten oder Entschuldigungsbriefchen, die wir uns gönnen wollten, über Ausstellungen, die wir notgedrungen verpassen würden, über unsere Freunde, die

Freunde unserer Freunde und die Liebesbeziehungen, die wir erlebt hatten – oder auch nicht. Häufig eher nicht, und darin waren wir am besten. Im Erzählen, meine ich. Wir lagen im Gras, bestürmten einander mit Fragen, wurden von allen möglichen Insekten gebissen, veralberten uns und zogen uns Lachkrämpfe und Sonnenbrände zu.

Und dann redeten wir über unsere Eltern. Wie immer. Über Mama und Pop. Über ihr neues Leben. Über ihre Liebesbeziehungen und unsere Zukunft. Kurzum, über die wenigen Dinge und die wenigen Leute, die unser Leben ausfüllten.
Es war nicht viel, es waren nicht viele, und doch – es nahm kein Ende.

Simon und Lola erzählten uns von ihren Kindern. Von ihren Fortschritten, ihren Streichen und den Sätzen, die sie eigentlich hatten aufschreiben wollen, um sie nicht zu vergessen. Vincent hat uns lange von seiner Musik erzählt. Sollte er weitermachen? Wo? Wie? Mit wem? Und welche Hoffnungen konnte er damit verbinden? Und ich erzählte ihnen von einem neuen Mitbewohner, der diesmal, doch, doch, legal hier lebte, erzählte von meiner Arbeit, meinen Schwierigkeiten, mich als angehende Richterin zu begreifen. So viele Studienjahre und so wenig Selbstvertrauen am Ende, das war nicht gut.
Hatte ich vielleicht irgendwo eine Weichenstellung verpasst? Wo war die Sache in die Hose gegangen? Und gab es irgendwo jemanden, der auf mich wartete? Die drei anderen sprachen mir Mut zu, bauten mich auf, und ich gab vor, ihnen in ihrer wohlwollenden Einschätzung recht zu geben.
Im übrigen bauten wir uns alle gegenseitig auf und gaben vor, einander recht zu geben.
Schließlich war das Leben trotz allem auch ein bisschen Bluff, oder? Das Spieltuch ist zu kurz, und es fehlen Steine. Unser Blatt ist zu schlecht, als dass wir mitbieten könnten ... Das räumten wir gern ein, alle vier, mit unseren großen Träumen und der Miete, die am Fünften jeden Monats fällig war.
Daraufhin öffneten wir noch eine Flasche, um uns ein wenig Mut zu machen!

Vincent brachte uns zum Lachen, als er uns von seiner letzten Liebesenttäuschung erzählte:
»He, versetzt euch mal an meine Stelle! Ein Mädchen, dem ich zwei Monate lang hinterherrenne, auf das ich vor der Uni sechs Stunden lang warte, das ich dreimal zum Essen einlade, zwanzigmal nach Hause bringe, in ein Kaff am Arsch der Welt wohlgemerkt, und das ich in die Oper einlade für hundertzehn Kröten der Platz! Scheiße!«
»Und zwischen euch ist immer noch nichts passiert?«
»Nichts. Nada. Rien. Scheiße Mann! Zweihundertzwanzig Euro! Könnt ihr euch vorstellen, wie viele Platten ich mir davon hätte kaufen können?«
»Also echt, ein Typ, der so kleinkariert rechnet, da verstehe ich die Frau ...«, spottete Lola.
»Hast du – hast du denn versucht, sie zu küssen?«, fragte ich arglos.
»Nee. Das habe ich mich nicht getraut. Das ist ja das Dumme.«
Großartiger Abend der Sticheleien.
»Ich weiß. Ich bin zu schüchtern, das ist doof ...«
»Wie heißt sie denn?«
»Eva.«
»Welche Nationalität?«
»Keine Ahnung. Dabei hat sie's mir gesagt, ich hab es nur nicht verstanden.«
»Verstehe. Und äh – hast du das Gefühl, da sei noch was zu machen?«
»Schwer zu sagen. Aber sie hat mir Fotos von ihrer Mutter gezeigt.«
Zu viel war zu viel.
Wir wälzten uns im Gras, während unser Don Juan erfolglos versuchte, Steine übers Wasser springen zu lassen.

»Oh«, flehte ich, »darf ich die haben?«
Lola riss eine Seite aus ihrem Skizzenblock heraus, reichte sie mir und verdrehte die Augen.
Es war ihr tatsächlich gelungen, die Noblesse meines heldenhaften Mischlings einzufangen, der träge in der Sonne lag. Das einzige männliche Wesen, wenn ich es recht bedenke, das jemals mit einer solchen Ausdauer hinter mir hergerannt ist ...
Die nachfolgende Zeichnung war eine wunderschöne Schlossansicht.

»Vom englischen Garten aus«, erklärte Vincent.
»Wir sollten sie Pop schicken und ihm einen Gruß dazuschreiben«, schlug Schwester Lola vor.
(Unser Pop besaß kein Handy.) (Wohlgemerkt: Er hatte auch nie einen Festnetzanschluss besessen ...)
Wie schon so oft hatte Lola eine gute Idee, und wie immer und sicher bis in alle Ewigkeit ordneten wir uns dem Vorschlag unserer älteren Schwester unter.
Man hätte meinen können, die hinterste Sitzreihe im Bus gegen Ende einer Ferienkolonie. Blatt und Stift wurden von einer Hand zur nächsten gereicht. Gedanken, Grüße, Nettigkeiten, Dummheiten, kleine Herzchen und große Küsse.

Der Haken war – aber dafür konnte unser Pop nichts, schuld war der Mai 68 –, dass wir nicht genau wussten, wohin wir den Brief schicken sollten.
»Ich glaube, er ist gerade auf einer Werft in Brighton.«
»Von wegen«, scherzte Vincent, »dort ist es viel zu kalt! Er mit seinem Rheuma! Der Gute ist mit Richard Lodge in Valencia.«
»Bist du sicher?«, wunderte ich mich. »Als ich das letzte Mal mit ihm gesprochen habe, war er auf dem Weg nach Marseille.«
»...«
»Gut«, entschied Lola, »ich bewahre den Brief in meiner Tasche auf, und wer ihn als erster aufspürt, sagt Bescheid.«

Schweigen.

Aber Vincent schlug ein paar Akkorde an, damit wir es nicht hörten.

In einer Tasche ...
Die ganzen Küsse, die nicht zu übermitteln waren. All die Herzchen, weggesperrt zu Schlüssel und Scheckheft.
Unter dem Pflaster, nichts.

Zum Glück hatte ich meinen Hund! Er war voller Flöhe und leckte sich sorgfältig die Klöten.
»Worüber lachst du, Garance?«, fragte mich Simon, um die schwer-

mütige Stimmung zu übertönen.
»Ach, nichts. Ich habe einfach nur ganz viel Glück …«

Meine Schwester holte wieder ihre Farben heraus, die Jungs badeten, und ich beobachtete meinen Schatz, der bei jedem Bissen Brot mit Rillettes zusehends auflebte.
Das Brot spuckte er wieder aus, der Lump.
»Wie willst du ihn nennen?«
»Keine Ahnung.«

Lola war es, die zum Aufbruch blies. Sie wollte angesichts der gerichtlich festgelegten Besuchsregelung nicht zu spät kommen, und wir spürten bereits, wie hektisch sie war. Mehr als hektisch, unruhig, mürbe, mit einem schiefen Lächeln im Gesicht.

Vincent gab mir meinen iPod zurück, den er mir vor Monaten abgeknöpft hatte:
»Hier, ist ja schon lange her, dass ich versprochen habe, dir ein paar Lieder zusammenzustellen …«
»Oh, vielen Dank! Hast du alles draufgeladen, was ich liebe?«
»Nein. Nicht alles, natürlich. Aber du wirst schon sehen, die Auswahl ist nicht schlecht …«
Wir umarmten uns und gaben, um es kurz zu machen, ein paar alberne Sticheleien von uns, dann schlossen wir uns im Auto ein. Simon passierte den Wassergraben und hielt noch einmal an. Ich lehnte mich aus dem Fenster und schrie:
»He! Don Juan!"
»Was ist?"
»Ich hab auch ein Geschenk für dich!«
»Was denn?«
»Eva.«
»Wie, Eva?«
»Sie kommt übermorgen mit dem Bus aus Tours.«
Er kam angerannt.
»Was faselt ihr da?«
»Wir faseln gar nicht. Wir haben sie vorhin angerufen, während du gebadet hast.«

Meine Schwester holte wieder ihre Farben heraus, die Jungs badeten, und ich beobachtete meinen Schatz, der bei jedem Bissen Brot mit Rillettes zusehends auflebte.

»Lügnerinnen.« (Er war ganz bleich.) »Wo hattet ihr überhaupt ihre Nummer her?«
»Wir haben auf deinem Handy nachgeschaut.«
»Das ist nicht wahr.«
»Du hast recht. Es ist nicht wahr. Aber geh trotzdem zur Bushaltestelle, für alle Fälle.«
Er war ganz rot.
»Was habt ihr der Armen denn erzählt?«
»Dass du in einem großen Schloss lebst und ein wunderbares Solo für sie komponiert hast und dass sie es sich unbedingt anhören muss, du würdest es ihr in einer Kapelle vorspielen, und es wäre super-*romantitschno* ...«
»Super-was?«
»Das ist Serbokroatisch.«
»Ich glaube euch kein Wort.«
»Dein Pech. Dann wird Nono sich halt um sie kümmern ...«
»Stimmt das, Simon?«
»Keine Ahnung, aber wie ich unsere beiden Xanthippen kenne, ist alles möglich ...«
Er war ganz rosig.
»Ernsthaft? Sie kommt übermorgen?«

Simon gab wieder Gas.
»Mit dem Bus um achtzehn Uhr vierzig!«, präzisierte Lola. »Gegenüber von Pidoule!«, brüllte ich ihr über die Schulter.

Als er komplett aus dem Rückspiegel verschwunden war, sagte Simon:
»Garance?«
»Was ist?«
»Pidou-NE.«
»Ach ja, sorry. He! Hier ist der andere Verrückte. Fahr ihn um!«

Wir warteten, bis wir auf der Autobahn waren, um uns Vincents Geschenk anzuhören.

Lola hatte sich endlich dazu durchgerungen, Simon zu fragen, ob er glücklich sei.

»Fragst du wegen Carine?«
»Ein bisschen schon …«
»Wisst ihr. Zu Hause ist sie viel netter. Nur wenn ihr dabei seid, ist sie so anstrengend. Ich glaube, sie ist eifersüchtig. Sie hat Angst vor euch. Sie denkt, dass ich euch lieber habe als sie und – und außerdem verkörpert ihr alles, was sie nicht ist. Euer flippiges Auftreten bringt sie aus der Fassung. Wenn ihr wie *Die Mädchen von Rochefort* daherkommt … Ich glaube, sie hat Komplexe. Sie hat das Gefühl, für euch ist das Leben ein einziger Pausenhof und ihr seid immer noch die beliebten Mitschülerinnen, die sie früher aufgezogen haben, weil sie die Klassenbeste war. Diese hübschen Mädels, unzertrennlich, witzig und heimlich bewundert.«
»Wenn sie wüsste …«, antwortete Lola und lehnte den Kopf an die Scheibe.
»Sie weiß es eben nicht. Neben euch fühlt sie sich richtig abgehängt. Es stimmt schon, sie kann sehr anstrengend sein, aber es ist ein Glück, dass ich sie habe. Sie treibt mich an, sie pusht mich, sie zwingt mich, weiterzukommen. Ohne sie würde ich heute noch in meinen Kurven und Gleichungen feststecken, ganz sicher. Ohne sie säße ich jetzt in einem billigen Dachzimmerchen und würde Quantenmechanik büffeln!«
Er schwieg.
»Und außerdem hat sie mir zwei wunderschöne Geschenke gemacht …«

Sobald wir die Mauthäuschen hinter uns hatten, schloss ich die Musik ans Autoradio an.
Na, Junge. Was hast du uns Schönes zusammengemixt?
Zuversichtliches Lächeln. Simon zog an seinem Gurt, um den Musikern Platz zu machen, Lola kippte die Lehne nach hinten, was ich ausnutzte, um mich an ihre Schulter zu lehnen.
Marvin als Mister Loyal: *Here my Dear. This album is dedicated to you.* Eine absolut entfesselte Version von Miriam Makebas *Pata Pata*, die unsere Gelenke lockerte, *Hungry Heart* vom Boss, der unseren Popo schon seit fünfzehn Jahren in Schwung brachte, und weiter hinten auf der Liste, *The River*, als Futter für das hungrige Herz. *Beat it* von unserem verstorbenen Bambi. Voll aufgedreht, ging es im Slalom

zwischen den weißen Streifen hindurch, *Friday I'm in Love* von Cure als Hymnus – sorry, ich drehe die Lautstärke etwas runter – an dieses wunderschöne Wochenende, *Common People* von Pulp, die uns mehr Englisch beigebracht hatten als alle Lehrer zusammen. Eine fantastische Version von *I Will Survive* (Musica Nuda) und eine andere, ziemlich rauhe, von *My Funny Valentine* (Angela McCluskey). Von derselben ein *Don't Explain*, das noch dem größten Schürzenjäger die Tränen in die Augen treiben würde. Christophe in seiner Satin-Weste, *C'était la dolce vita*. Yo-Yo Mas Cello für Ennio Morricone und seine Jesuiten, Laurent Voulzy, der sich nach Grimaud abgesetzt hatte, und Dylan, der den Sehnsüchten zweier fast noch jungfräulicher Schwestern so oft sie es wollten *I want you* entgegenschmetterte. Und was würde ich nicht dafür geben, an Gilbert Bécauds Seite zu sein, wenn er seiner Nathalie auf dem Roten Platz hinterherlief. *Love me or leave me*, fleht Nina Simone, während ich meine geliebte Lola dabei ertappe, wie sie sich die Nase reibt ... Tz tz! ... Vincent will nicht, dass seine Schwester traurig ist, und schickt ihr Goldmans Hirtenflöten hinterher, um sie wieder aufzumuntern. Yves Montand erinnert sich an Paulette und Bashung an Bashung, Charles Trenet preist la *Douce France* und Björk, die brüllt, es sei zu still, *Nisi Dominus* von Vivaldi, womit er Camille eine Freude machen will, und Neil Hannons Song, den Mathilde so gern mochte. Kathleen Ferrier mit Mahler, Glenn Gould mit Bach und Rostro für den Frieden. Jacques Brels *Ne me quitte pas*, das uns immer wieder zu Tränen rührt. Luis Mariano, der von seiner Sonne in Mexiko jodelt, Pyeng Threadgill, die ständig *Close to me* wiederholt, und ich denke mir, genau so ist es, meine Lieben. Cole Porters Eleganz, von Ella Fitzgerald übertroffen und als Kontrast dazu: Cindy Lauper. *Oh daddy! Girls just wanna have fun!*, brülle ich und schüttele meinen Hund wie eins dieser Cheerleader-Puschel, so dass seine Flöhe Macarena tanzen.

Und noch viele mehr. So viele Megabytes voller Glück.

Augenzwinkern, Erinnerungen, vermasselte Slowfoxtänze in Gedenken an missglückte Abende, music was my first love (for connoisseurs only), Klezmer, Motown, Volkstümliches, Gregorianisches, eine Blaskapelle oder Kirchenorgeln, und plötzlich, während der Wagen pichelte und die Tankanzeige verrückt spielte, Ferré und Aragon, die sich wunderten: *Est-ce ainsi que les hommes vivent?*

Je mehr Titel vorbeidefilierten, um so schwerer fiel es mir, die Tränen zurückzuhalten. Okay, ich sag's noch mal, ich war müde, aber ich spürte auch den wachsenden Kloß, den Kloß in meinem Hals, der immer größer wurde.

Zu viele Emotionen auf einmal. Mein geliebter Simon, meine liebe Lola, der kleine Vincent, der kleine Venuslöwe auf meinem Schoß und die ganzen Lieder, die mir schon so lange zu leben halfen ...
Ich musste mich schneuzen.

Als die Musik zu Ende war, dachte ich, jetzt würde es bessergehen, aber Vincent, dieser Mistkerl, hatte noch was ins Mikro gesprochen: »So. Das war's, Schwesterherz. Tja, ich hoffe, ich habe nichts vergessen. Doch, warte, noch ein letztes Lied für unterwegs ...«

Es war eine Coverversion von Leonard Cohens *Hallelujah*, gesungen von Jeff Buckley.

Bei den ersten Gitarrenklängen biss ich mir auf die Lippen und fixierte angestrengt die Deckenleuchte, um meine Tränen hinunterzuschlucken.
Simon verstellte den Rückspiegel, weil er mich sehen wollte:
»Alles in Ordnung? Bist du traurig?«
»Nein«, antwortete ich, während die Fassade überall Risse bekam, »ich bin super-superglücklich.«

Anna Gavalda

Der perfekte Sommer

ICH GELTE IN MEINEM Freundeskreis als Reisemuffel. Das kommt daher, dass ich mich weigere, meinen Sommerurlaub woanders als auf Sylt zu verbringen. Es ist nicht so, dass ich es nicht schon versucht hätte, aber an der Algarve, auf Fuerteventura oder auf Sizilien habe ich nie das gefunden, womit ich aufgewachsen bin: dieses perfekte Sommergefühl. Das habe ich nur auf Sylt.

Wie fast alle Sylter hatte meine Großmutter früher in ihrem Haus, in dem heute übrigens meine Eltern leben, Zimmer vermietet. Für heutige Verhältnisse unvorstellbar, waren die hundert Quadratmeter Wohnfläche doch so aufgeteilt, dass zehn Feriengäste gleichzeitig mit uns ihre Ferien dort verbringen konnten. Meine Familie wohnte damals auf dem Festland, aber in den Ferien waren wir immer bei meiner Großmutter. Meine Eltern schliefen dann mit meiner jüngeren Schwester in einem Einzelzimmer, und mein Bruder und ich hatten ein Etagenbett im ehemaligen Kohlenschuppen. Das war ein winziger Raum, in den nur dieses eine Bett passte. Die Tür des Zimmerchens ging nach außen auf. Bevor sich die Gäste morgens an uns vorbei zum Frühstücken ins Gartenhaus begaben, schloss meine Großmutter uns kurzerhand ein, aus Furcht, einer von uns könnte einem zahlenden Urlauber aus Versehen die Tür vor den Latz knallen. Ich wachte also jeden Morgen von dem Geräusch eines sich drehenden Schlüssels auf. Dann war es acht Uhr. Aber das war in Ordnung so. Wir fuhren schließlich nicht nach Sylt, um zu schlafen.

Der erste morgendliche Anblick war immer meine Mutter, die in der Küche zwischen drei laufenden Kaffeemaschinen saß und Brötchen schmierte. Massen an Brötchen. Die wurden übrigens beim Milchmann um die Ecke gekauft, damals gab es ihn noch. Er hieß

Willy und kannte jeden Kunden mit Namen. Eine Zeit lang hatte er einen Brötchenbringdienst angeboten, doch der wurde nach kurzer Zeit wieder eingestellt, weil die frei laufenden Schafe die Brötchentüten vor den Haustüren klauten. Danach ging man wieder zu Willy in den Laden.

Zwischen dem Frühstücksdienst für die Gäste und der Tagesvorbereitung meiner Eltern entstand jeden Morgen eine leichte Hektik, in der meine Geschwister und ich uns bemühten, niemandem im Weg zu stehen. Am besten setzte man sich schon ins Auto, in das mein Vater die Taschen schob, die von meiner Mutter nach und nach auf die Straße gestellt wurden. Spätestens um halb neun fuhren wir los. Zum Strand. Jeden Tag, wenn das Wetter es halbwegs zuließ. Deshalb waren wir hier. Darüber gab es keine Diskussion.

Es war auch äußerst wichtig, dass man am Tag der Anreise, gleich nach dem Auspacken, sofort Richtung Ellenbogen fuhr. Das war einfach so, da gab es keine Ausnahme. Immerhin ging es um die beste Stelle am Strand. Um den Ort, an dem sich in den nächsten Wochen der Großteil unseres Lebens abspielen würde. Die Stelle musste perfekt sein. Berücksichtigt wurden die Strandbreite, also die Entfernung zum Flutsaum, die Anzahl der Sandbänke bei Ebbe, die Länge des Übergangs vom Parkplatz, die Sandbeschaffenheit, die Form der Dünen und das Vorhandensein von Buhnenresten. Wir haben selten länger als fünfzehn Minuten dafür gebraucht, was wohl an der Dichte dieser besten Stellen lag, aber auch an unserer Erfahrung.

Die Stelle wurde sofort mit irgendwelchem Strandgut markiert und danach wochenlang gegen Fremde verteidigt. Deshalb mussten wir auch immer um halb neun los. Damit wir die Ersten waren. Tag für Tag.

Natürlich waren wir nicht allein. Wir hatten durchaus etwas übrig für Geselligkeit, es waren schließlich Ferien. Wir waren elf Kinder und vierzehn Erwachsene. Neben meinen Eltern, meinen Geschwistern und mir traf sich auch der Rest der Sylter Familie an der perfekten Stelle: nämlich meine Tante, mein Onkel, meine beiden Cousinen, die Hamburger Feriengäste meiner Tante (zwei Erwachsene, zwei Kinder), die Sylter Freunde meiner Tante (zwei Erwachsene, drei Kinder) und deren Dortmunder Gäste (zwei Erwachsene, ein Kind) und weitere Freunde (zwei Erwachsene, manchmal ein Hund).

Alle sammelten sich etwa zeitgleich auf dem Parkplatz an der perfekten Stelle. Wir Kinder standen in einer Reihe und wurden mit den leichteren Taschen, Schwimmringen und Bademänteln behängt. Die Erwachsenen teilten die schweren Säcke mit Windschutzplanen, Stangen, Heringen und Werkzeug, die Kühltaschen (pro Familie zwei plus eine für Getränke), die Badetaschen (deren Gewicht ich mir auch nach all den Jahren nicht erklären kann) und die Sachen, die kaputtgehen konnten (Sonnenbrillen, Fotoapparate und Super-8-Kamera), unter sich auf. Dann zogen wir in einer Karawane über die Dünen. Eine endlose Schlange, in der das eine oder andere Kind sich schon mal vor lauter Erschöpfung im weichen Sand zur Seite kippen ließ. Man blieb aber nur einen kleinen Moment liegen. Wenn der letzte Erwachsene mit dem knappen Satz »Wir holen dich heute Abend dann wieder hier ab« über einen hinweggestiegen war, war die Aussicht auf den Sprung ins kalte Wasser doch größer als die Unlust, die immer schwerer werdenden Taschen durch den Sand zu schleppen.

An der perfekten Stelle angekommen blieben wir Kinder in angemessenem Abstand im Sand sitzen, während die Väter generalstabsmäßig die Stangen, Heringe, Seile und Windschutzplanen in Reihe brachten. Unterbrochen von Anweisungen wie: »Also, wenn du das weiter so blöde hältst, sind wir heute Abend noch nicht fertig«, oder: »Der Wind kommt von der anderen Seite, die erste Stange kommt da vorn hin«, oder: »Nimm den Fuß weg, da soll der Hering rein«, wurde ein Areal abgesteckt, in dem anschließend zehn Decken, zwanzig Handtücher, Unmengen von Taschen und Strandspielzeugen verteilt wurden. Schaufeln mussten wegen der Verletzungsgefahr draußen bleiben. Die Aufbauzeit reduzierte sich im Laufe des Sommers von fünfundvierzig auf zwanzig Minuten. Alles Übungssache.

Und dann begann der Strandtag. Wir hatten genug Programm, es war nie langweilig. Wir sammelten Steine, aus denen abends Männchen geklebt wurden, Seesterne, die dann auf den Fensterbänken trockneten und nicht besonders gut rochen. Die älteren Kinder schwammen bis zu den Sandbänken, wo wir auf Schollen traten

IMMERHIN GING ES UM DIE
BESTE STELLE AM STRAND.
UM DEN ORT, AN DEM SICH IN
DEN NÄCHSTEN WOCHEN DER
GROSSTEIL UNSERES LEBENS
ABSPIELEN WÜRDE.

und später den immer länger gewordenen Weg zum Strand zurückmussten. Zwischendurch wurde man mit Sonnenmilch aus gelben Flaschen eingerieben, spuckte die Kerne von Wassermelonen in den Sand und wischte mit Handtüchern Eier und Brötchen sauber, weil immer mindestens eine Kühltasche umkippte.

Burgen bauen war eine der Hauptbeschäftigungen. Neben den normalen Strandburgen der kleinen Kinder gab es auch architektonische Wunderwerke der größeren, die aber nie richtig gewürdigt wurden.

»Mama, Petra hat meine Küchenwand eingetreten.«

»Kind, geh doch außen rum.«

»NEIN. Das ist ein Wintergarten.«

Die Erwachsenen sammelten Strandgut und errichteten damit einen Holzverschlag, auf den meine Tante später gelbe Tintenfische und rote Fische malte. Als sie auch noch zwei Sonnenschirme aufstellte, sah es aus wie eine kubanische Strandbar, einige Strandbesucher wollten bei uns Getränke kaufen, sie bekamen sie umsonst. Wir hatten ja so viel dabei.

Während mein Bruder aus den übrig gebliebenen Heringen und Seilen eine Hochsprunganlage baute, an der er den Fosbury-Flop übte, die Dortmunder anfingen, den diesjährigen Rekord im Beachball aufzustellen, meine Cousine und ich in Jeans baden gingen (in der »Bravo« hatte gestanden, dass sie dann besser sitzen), meine Schwester von den Hamburgern eingegraben wurde (»Nur bis zum Hals, hört ihr, sie soll noch Luft kriegen«) und meine kleine Cousine mit ihren Sylter Freunden alle Bademantelgürtel verknotete, lagen die Erwachsenen hinter dem Windschutz, lasen Zeitungen, lachten, sonnten sich und hoben erst den Kopf, wenn ein Kind so heulte, als ob tatsächlich etwas passiert wäre. Es passierte aber nie etwas Schlimmes, wenn man von Sand in den Augen, versehentlichen Treffern beim Quallenweitwurf oder kleineren Handgemengen wegen eingetretener Wände absah. Alle halbe Stunde wurden Kühltaschen geöffnet und Essen verteilt, man wollte ja abends nichts Schweres zurückschleppen. Ab mittags tranken die Erwachsenen Korn-Sauer (Korn mit Bitterlemon), die Stimmung wurde immer fröhlicher, trotzdem vernachlässigte niemand seine Aufsichtspflicht. Onkel

Paul blieb nüchtern und erklärte sich bereit, auf die kleinen Kinder aufzupassen, die baden wollten. Er lief am Strand auf und ab und zählte ständig die orangefarbenen Schwimmflügelpaare durch, die in den Wellen tanzten. Er war übrigens der einzige Nichtschwimmer. Ging aber immer gut.

An manchen Tagen sah das Wetter morgens so schlecht aus, dass andere Pläne gemacht wurden. Wir sind in Regenjacken über die Wanderdüne marschiert, haben am Morsumer Kliff Mauersegler beobachtet und ein tagelang am Strand gebautes Modellflugzeug fliegen lassen (nach drei Metern am Kliff zerschellt), haben am Bahndamm die Farben der Autos auf dem Autozug gezählt (damals gab es tatsächlich nicht nur große schwarze Autos, sondern auch noch kleine bunte), sind nacheinander die eingegrabenen Stufen am Roten Kliff in Kampen hinuntergeklettert und haben bei diversen Kinderfesten Preise abgeräumt. Meine Schwester wurde tatsächlich Kurkönigin in ihrer Altersklasse. Mit sieben. Da war das auch einfach. Ich wurde nur Dritte beim Fischestechen. Manchmal sahen wir »Dumbo, der fliegende Elefant« im Lister Urwaldkino oder kauften Krabben auf dem Kutter, die wir dann im Gartenhaus meiner Tante stundenlang pulten.

Aber egal, wo wir gerade waren und was wir taten, sobald der Himmel aufriss und die Sonne kam, ließen wir alles stehen und liegen, fuhren in einer affenartigen Geschwindigkeit nach Hause, packten unsere Sachen und kamen alle zeitgleich und aufgeregt am Parkplatz vor der perfekten Stelle an. Ohne Absprache. Aber deshalb waren wir ja hier. Das war Sommer.

In den letzten Jahren hat sich viel verändert. Es werden keine Strandburgen mehr gebaut, der altmodische Windschutz ist kaum noch zu sehen, das Urwaldkino ist geschlossen. Die Insel wird jedes Jahr voller, die Restaurants teurer und die Hotels größer. Wir Kinder von damals brauchen keine Schwimmflügel mehr, und meine Schwester wird seit Jahren nicht mehr eingegraben. Aber in jedem Sommer geht es wieder los. Die Suche nach der perfekten Stelle. Und wir finden sie jedes Jahr wieder. In höchstens fünfzehn Minuten. Und dann ist Sommer.

Dora Heldt

Sommerfrische

Zupf dir ein Wölkchen aus dem Wolkenweiß,
das durch den sonnigen Himmel schreitet.
Und schmücke den Hut, der dich begleitet,
mit einem grünen Reis.

Verstecke dich faul in die Fülle der Gräser.
Weil's wohltut, weil's frommt.
Und bist du ein Mundharmonikabläser
und hast eine bei dir, dann spiel, was dir kommt.

Und lass deine Melodien lenken
von dem freigegebenen Wolkengezupf.
Vergiss dich. Es soll dein Denken
nicht weiter reichen als ein Grashüpferhupf.

Joachim Ringelnatz

Unterwegs mit einem Kind

Die meisten Menschen wissen gar nicht, wie schön die Welt ist und wie viel Pracht in den kleinsten Dingen, in irgendeiner Pflanze, einem Stein, einer Baumrinde oder einem Birkenblatt sich offenbart. Die erwachsenen Menschen, die Geschäfte und Sorgen haben und sich mit lauter Kleinigkeiten quälen, verlieren allmählich ganz den Blick für diese Reichtümer, welche die Kinder, wenn sie aufmerksam und gut sind, bald bemerken und mit dem ganzen Herzen lieben.

Rainer Maria Rilke

WENN ICH FELIX vom Kindergarten abhole, stehe ich jedes Mal vor der Gewissensfrage: Nehme ich das Auto? Oder wenigstens den Fahrradanhänger? Mein Gewissen sagt mir: Felix braucht Bewegung. Und du genauso.

Das sonnige Wetter verbündet sich heute mit meinem Gewissen. Ich gehe zu Fuß hin. Statt zehn Minuten wird die Aktion eine knappe Stunde dauern, das weiß ich schon jetzt.

Und welches Geschenk einem ein Kind damit machen kann!

Noch in Sichtweite des Kindergartens bleibt Felix das erste Mal stehen, an einem Baum am Eingang zum Schwimmbad. Er sagt, er wolle Raupen sammeln, und hebt längliche, weiche Stängel auf, bis er ein gutes Dutzend in den Händen hält. »Die sind schon tot«, sagt er enttäuscht.

Es sind keine Raupen, es sind die puscheligen Blütenstücke des Baums, die herabgefallen sind. Ich nehme Felix auf die Schultern und zeige ihm oben am Baum, dass da noch Hunderte an den Zweigen hängen, und erkläre ihm, dass es sich um Blüten handelt.

»Ach so«, sagt er.

Sie sehen wirklich wie Raupen aus. Ich habe dank Felix jetzt auch genauer hingesehen. Ich setze ihn wieder auf dem Boden ab und wir gehen ein paar Schritte. Er stellt sich vor ein Gesträuch und späht in das Dunkel.

»Da darf ich nicht hingehen«, sagt er. »Da ist es ekelig, oder? Da sind viele Regenwürmer.« Oh, wie es ihn hineinzieht! Er steckt mit dem Kopf schon halb im Unterholz. »Da sind Schnecken!« Er ist begeistert.

Hat er wirklich welche gesehen? Oder geht die Fantasie mit ihm durch? »Komm weiter«, sage ich. Wie oft er das schon von mir gehört hat. Er ist geübt darin, es auszublenden.

Endlich überzeuge ich ihn doch. Einige Schritte weiter zeigt er mir Brennnesseln am Wegrand und fasst mit der Hand hinein. Prompt hat er sich am Daumen verbrannt. Er reibt ihn am Sweatshirt und klagt.

Ich befeuchte seinen kleinen Daumen mit Spucke und puste, um ihn zu kühlen. Als ich selbst noch ein Kind war, haben mich Brennnesseln genauso fasziniert. Es ging damals das Gerücht, dass man später kein Rheuma kriege, wenn man sich mehrfach an Brennnesseln verbrannt habe. Wir forderten uns gegenseitig heraus, mutig zu sein und in die Brennnesseln zu fassen. Wenn es Streit gab mit einer anderen Bande von Jungs, befestigten wir Brennnesseln an einem Stock und fuchtelten drohend damit herum.

Damals habe ich oft die Blüten der Taubnesseln gepflückt und sie ausgesaugt. Sie schmeckten herrlich süß. Ich habe lange keine mehr gesehen. Könnte ich eine Taubnessel überhaupt noch erkennen?

Felix hat im Kindergarten einen neuen Ausdruck gelernt, ich kenne ihn noch nicht aus seinem Mund. Er rennt plötzlich los und ruft dabei: »Volle Kanne!« Dann bleibt er stehen und sieht mich mit blitzenden Augen an. »Papa, wollen wir volle Kanne?«

Ich sage: »Ja, volle Kanne!«, und wir rennen los. Er sieht süß aus, wenn er rennt, er hat noch nicht gelernt, dabei den Oberkörper nach vorn zu neigen, kerzengerade rennt er, der kleine Kerl, und seine Beinchen stampfen, und er sieht sich nach mir um, immer wieder blickt er jubelnd über die Schulter, sodass ich schon fürchte, dass er lang hinschlagen wird, »guck nach vorne!«, ermahne ich ihn im Laufen, er juchzt, aber als ich das für eine Aufforderung nehme, ihn zu fangen, und nach ihm fasse, protestiert er, er will nicht gefangen werden, er will rennen, er will »volle Kanne«.

Wir kommen zu einer Bank, Felix sagt: »Wir machen Pause«, und setzt sich.

Es ist eine schöne, vom Wetter verwitterte Holzbank, das Holz ist grau geworden und schadhaft, aber gerade das gefällt mir. Die Kanten der Bank sind abgeschliffen von Wind und Regen, man setzt sich fast so bequem wie auf ein Sofa, kommt es mir vor.

Mein Söhnchen sitzt neben mir, seine Beine baumeln in der Luft. Er sieht zufrieden aus. Ob er die Rast wirklich gebraucht hat? Mir erscheint es eher, als spiele er die Pause, wie ein Ritual, das er genießt.

Ich stehe auf. »Weiter geht's.« Als Mitglied der Leistungsgesellschaft habe ich mir die Pausen abtrainiert. Es macht mich unruhig, einfach mitten am Tag auf einer Bank zu sitzen und ins Grüne zu blicken. Es fühlt sich ungehörig an.

»Ich bleibe noch«, sagt er. Dieser schlaue kleine Mensch will die durch den Spaziergang ohnehin entschleunigte Bewegung noch einmal verlangsamen, er will genauer um sich blicken und Dinge sehen, die man selbst in einer langsamen Bewegung nicht sieht.

Ich gehe 50 Meter, ohne mich umzudrehen. Es muss eine Autorität durch das Handeln geben. Irgendwann wird es ihm mulmig werden, will er denn nicht hinter mir herkommen? Neugierig drehe ich mich um.

Er sitzt immer noch vergnügt auf seiner Bank.

Weiter möchte ich mich nicht entfernen, immerhin gibt es neben der Bank einen Fluss, in den er hineinfallen könnte. Ich rufe nach

ALS MITGLIED DER
LEISTUNGSGESELLSCHAFT
HABE ICH MIR DIE PAUSEN
ABTRAINIERT. ES MACHT
MICH UNRUHIG, EINFACH
MITTEN AM TAG AUF EINER
BANK ZU SITZEN UND INS
GRÜNE ZU BLICKEN. ES
FÜHLT SICH UNGEHÖRIG AN.

Felix. Er sieht in der Gegend herum, als hätte er nichts gehört.

Endlich springt er auf und kommt zu mir gerannt. Er fragt: »Können wir noch Pause machen?«

»Nein«, sage ich, »ich möchte nach Hause.«

Er sagt: »Na gut«, als hätte er es mir gönnerhaft erlaubt. »Ich bleibe.« Und rennt zurück zu seiner Bank.

Nachdem er eine Weile gesessen hat, fasziniert ihn die Wiese hinter der Bank, eine wilde, blumenbestandene Wiese, blaue, lila und gelbe Blumen, die Gräser und Blumen reichen ihm bis zur Brust.

Er rennt juchzend hinein, dann lässt er sich ins Gras fallen und ist verschwunden, ein Menschlein in seiner Größe braucht kein Versteck, eine einfache Wiese genügt.

Ich gehe besorgt in seine Richtung. Da hebt sich sein Kopf über das Gras und er grinst mich an.

Natürlich will er das noch mal machen. Wieder rennt er ein Stück und lässt sich fallen. Ich weiß, wie es sich anfühlt, wenn einen weich und kühl das Gras empfängt, weil ich als Kind dasselbe gemacht habe. Ich habe noch den Duft des Grases in der Nase.

Felix pflückt die flauschig gelbe Blüte einer Butterblume. Die Blüte füllt seine Hand fast vollständig aus. Er schließt die Hand, öffnet sie wieder und schließt sie erneut. Sicher fühlt es sich schön an, die weiche Blüte so zu umschließen.

Ich locke ihn zurück auf den Weg und wir gehen weiter. Ein Greis kommt uns entgegen, er geht gebückt. Felix grüßt ihn vergnügt, obwohl wir ihn nicht kennen. Der alte Mann bleibt stehen und gibt meinem Dreijährigen die Hand, er hält sie lange, die kleine Kinderhand, und ich ahne, welche Freude es ihm macht. Die beiden lächeln sich an.

Später kommt uns eine Frau mit Hund entgegen und Felix sagt wie selbstverständlich: »Ich möchte auch mal ein Hund sein.« Für ihn ist alles möglich. Die Verwandlung in einen Hund ist eine Kleinigkeit. Ich frage mich, was er daran attraktiv findet, wie dieser Hund von der Frau an der Leine geführt zu werden.

Aber mir gefällt seine Sicht auf das Leben: Felix hat nicht vergessen, wie spannend es ist, über diese Erde zu wandern und sie, die Erde, im Wandern zu sehen und zu erkunden. Wir Erwachsenen sind damit beschäftigt, zusammenzuhalten, was wir angehäuft haben, wir sind Bewahrer geworden, misstrauische Hüter sperriger Dinge, die uns die Taschen schwer machen. Felix ist von keinem Besitzstand beschwert, anscheinend möchte er das auch nicht sein, er sagt bemerkenswerterweise nicht, dass er einen Hund haben will, sondern er möchte einer sein. Felix hat kein Ansehen, das nicht beschädigt werden darf, keine Stellung, die zu verteidigen wäre. Felix ist Entdecker. Er hat Flügel, und er wandert und fliegt, wie es ihm gerade passt, immer dorthin, wo seine Seele gefüttert wird, und blickt mit staunender Neugier auf diese Welt.

Titus Müller

DIE VOLLSTÄNDIGKEIT DES STAUNENS

FARBEN PLÖTZLICH. Blüten. Duft. Vogelsang. Und der Himmel: blau. Als hätte jemand einen grauen Vorhang beiseitegezogen und goldene Scheinwerfer auf die Bühne gerichtet. Spot an! Nicht zu fassen. Gerade war doch noch alles matt und fahl. Und jetzt dieses Licht! Richtig unwirklich. Wie im Theater. Sonne auf der Haut. Wie gut das tut! Selbst meine Nachbarin treffe ich auf einer Bank beim Nichtstun an. Ein Wunder ist geschehen.

Frühling. Die Vollständigkeit des Staunens. Wie soll man ihn nur gebührend begreifen? Oder gar begrüßen? Zumal, wenn er auf diese Art ins Leben einbricht? Ohne zu fragen, ob er heute schon im Kalender steht, ob man gerade jemanden zum Verlieben hat oder Zeit, in den Garten zu gehen? Wenn er einfach auf einmal da ist, mit seiner ganzen Sonne und seinem Duft, als wäre nie Winter gewesen?

Da stehe ich und staune. Wie durch den Matsch braunen Laubes sich Blattlanzen recken. Wie die weichen Schneeglöckchen durch zentimeterdicke, harte Rhododendren- und Kirschblattschichten stoßen. Physikalisch eigentlich unmöglich. Wie die Winterlinge ihre knallgelben Kugeln herzeigen!

Mit solchen Farben ist der Winter endgültig abgewählt. Egal, wie viele Nachtfröste er noch schickt, die Kleinen haben ihn besiegt. Wunder Schneeglöckchen. Wunder Krokus. Wunder Winterling. Wie machen sie das? Gerade sie. Wenn die Königskerze, die Rose oder die riesige Malve das schaffen würden, das wäre nachvollziehbar. Oder die Dreimasterblume mit ihren kräftigen Stielen. Aber ausgerechnet diese Kleinen! Perlblumen. Blausternchen. Märzenbecher.

Schon immer hatte ich eine so wilde Gier
nach Frühling in mir,
dass ich alle Blumenzwiebeln,
derer ich habhaft werden konnte,
sofort in mein Beet stopfte ...

Perlblumen hatte ich als Kind am liebsten. Vielleicht, weil sie mich an Liebesperlen erinnerten, die ich auch sehr mochte. Wir Kinder hatten jedes unser eigenes Beet, das wir nach unseren Vorstellungen bepflanzen durften.

Meine älteste Schwester baute ausschließlich Gemüse an. Möhren, Kohlrabi, Radieschen, Zwiebeln. Alles schön in Reih und Glied, was auf einem so kleinen Beet (ungefähr vier Quadratmeter) sicher gar nicht so einfach war. Ihr Beet sah immer aus wie ein Hochglanzfoto aus einem Gartenbuch. Ich glaube, sie hatte sich für Gemüse entschieden, um uns anderen ein gutes Beispiel zu sein. Vielleicht auch, um unserer Mutter eine Freude zu machen. Natürlich verzog sie die Mohrrüben immer fachgerecht, ebenso die Radieschen, hatte vorbildliche Ergebnisse, und wenn diese abgeerntet waren, setzte sie Salat, wie es sich gehört. Und selbstverständlich aß sie die Radieschen niemals allein, sondern wusch und schnitt sie ordentlich und stellte sie dann für alle auf den Abendbrottisch, denn sie teilte gern.

Meine mittlere Schwester war eine klingende Künstlerseele und als solche von Begeisterung durchglüht. Ihr Beet war eine Katastrophe. Immer schwärmte sie von etwas Neuem, heute von Dahlien, morgen von Kohlrüben, übermorgen vom Fingerhut. Ständig stürzte sie sich auf ihr Beet und änderte alles, eine Struktur war nie erkennbar. Auch konnte sie sich nie zwischen Gemüse und Blumen entscheiden, ja, es kam sogar vor, dass sie Blumen, die kurz vor dem Aufblühen waren, wieder herausriss, weil sie just beschlossen hatte, Kartoffeln zu legen, und das zu einer Zeit, als diese eigentlich schon hätten geerntet werden müssen. Erstaunlicherweise hat sie trotzdem im Laufe der Jahre, wenn auch wenige, so doch die prächtigsten Exemplare von uns allen hervorgebracht, sowohl bei den Blumen als beim Gemüse. Heute weiß ich, dass das an der Mischkultur gelegen haben muss.

Mein Beet war ein Frühlingsbeet. Schon immer hatte ich eine so wilde Gier nach Frühling in mir, dass ich alle Blumenzwiebeln, derer ich habhaft werden konnte, sofort in mein Beet stopfte, egal, ob dort noch Platz war oder nicht. Ich ging auf Pirsch durch die Nachbargärten und fragte nach übrigen Blumenzwiebeln, mit der Lüge, die Zwiebeln meiner Mutter wären von Wühlmäusen gefressen worden und ich wolle ihr gern eine Freude machen... So zog ich mit Hosentaschen voller Märzenbecher-, Narzissen-, Scilla-, Tulpen-, Perlblumen-, Schneeglöckchen-, Krokus- und Winterlingzwiebeln heimwärts, und das alles ohne das leiseste schlechte Gewissen. Auf diese Weise heimste ich Unmengen zusammen, die ich wie Schätze vergrub. Die Wühlmäuse mögen mir meine Verleumdungen verzeihen.

In jedem Frühjahr explodierte mein Beet. Die Blumen hatten regelrecht Mühe, sich nicht gegenseitig umzubringen, so eng standen sie. Mit Beetgestaltung hatte das natürlich nicht mehr das Geringste zu tun. Ich schwamm im Frühlingszauber. Dieses irre Blühen hielt gut zehn Wochen an, katapultierte mich gründlich und vollständig aus dem Winter heraus, erfüllte mein Herz mit Glück und Seligkeit, gab mir das Gefühl, eine begnadete Meistergärtnerin zu sein, und brachte mir wenigstens für kurze Zeit den blanken Neid meiner Schwestern ein. Ich sah es in ihren Augen und fühlte mich hervorragend, um nicht zu sagen vollkommen.

Dann kam der Juni. Für den Rest des Jahres welkte mein Beet vor sich hin. Aber im Sommer hatte ich ohnehin anderes zu tun. Spielen zum Beispiel. Diesbezüglicher Kritik meiner Schwestern widersetzte ich mich mit dem Argument, dass man dort, wo Zwiebeln in der Erde wären, diese nicht umgraben solle. Das hatte ich mal in einem Gartenkalender gelesen. Und im Herbst setzte meine Frühlingsvorfreude wieder so stark ein, dass ich mich sofort auf die Suche nach neuen Zwiebeln machen musste.

Gott sei Dank habe ich heute mehr als vier Quadratmeter Garten, sodass ich, auch wenn es mir schwerfällt, einige Bereiche inzwischen auch für anderes nutze als für Frühblüher.

Dennoch – sie sind mir die Liebsten. Was könnte mehr Trost verströmen als ein weißer Krokus im Schnee? Wer könnte herrlicher leuchten als die feuerrote Tulpe mit schwarzem Auge? Und wer könnte lieblicher duften als das Veilchen? Das hat zwar keine Zwiebel, aber früh blüht es auch.

Doris Bewernitz

Frühling

ALS DER FRÜHLING herannahte, kamen – immer gepaart – die roten Eichhörnchen unter mein Haus. Sie liefen über meine Stiefel, wenn ich dasaß und las oder schrieb. Dabei ließen sie das wunderlichste Glucksen und Girren, vokale Pirouettieren und Kichern hören, das ich je vernahm, und wenn ich dann mit den Füßen stampfte, so kicherten sie nur umso lauter, als ob sie mit ihren verrückten Possen jenseits von Furcht und Achtung ständen und der Menschheit das Recht absprächen, ihnen Einhalt zu gebieten… Was fällt euch denn ein!… Chikarie, Chikarie!… Sie blieben meinen Forderungen gegenüber vollkommen taub oder konnten ihre Berechtigung nicht einsehen. Sie schimpften dermaßen, dass man ihnen gegenüber machtlos war.

Der erste Sperling des Frühlings! Mit jüngerer Hoffnung denn je beginnt das Jahr! Einen leisen silbernen Triller lassen der Singsperling, die Weindrossel und die blaue Grasmücke über die teilweise noch nackten, feuchten Felder erschallen, als ob die letzten Winterflocken klingend herniederschweben. […] Die Bäche singen Lobgesänge und jubeln dem Frühling zu. Tief über die Wiesen hin segelt der Sumpffalke und späht nach dem ersten schleimigen Leben, das hier erwacht. Der ersterbende Ton des schmelzenden Schnees lässt sich überall vernehmen und schnell löst sich das Eis auf den Teichen. An den Hügelhängen flammt das Gras wie ein Frühlingsfeuer empor – *»et primatus oritur herba imbribus primoribus evocata«* – als ob die

Erde ein inneres Feuer nach außen sende, um die Wiederkunft der Sonne zu begrüßen. Nicht gelb, nein grün ist die Farbe dieser Flamme ... Das Symbol ewiger Jugend, der Grashalm, quillt wie ein langes grünes Band aus dem Boden in den Sommer hinein; zwar hat er mit dem Frost zu kämpfen, doch weiter und immer weiter strebend erhebt er seinen dürren Speer vom letzten Jahr in die Lüfte, während frisches Leben unten schon sich regt. Er wächst so stetig, wie das Bächlein aus dem Boden sickert, ja, er ist identisch mit ihm. Denn wenn im Juni die langen Tage kommen und die Wässerchen austrocknen, dann sind die Grashalme ihre Kanäle und jahraus, jahrein trinken die Herden diesen unversieglichen grünen Strom, welchem der Schnitter beizeiten seinen Wintervorrat entnimmt. [...]

Walden schmilzt immer mehr. Ein etwa neun Meter breiter Kanal hat sich an seiner Nord- und Westseite gebildet. Ein großes Eisfeld ist von der Hauptmasse abgebröckelt. Im Unterholz am Ufer trillert der Singsperling – olit, olit, olit ... chip, chip, chip, chie, tschrr ... chie wiss, wiss, wiss ... Auch er hilft beim Eissprengen. Wie herrlich sind die großen, mannigfachen Windungen am Eisrand. Fast gleichen sie denen am Ufer, nur sind sie regelmäßiger. Das Eis ist ungewöhnlich hart infolge der letzten, strengen, wenn auch nur kurze Zeit dauernden Kälte und wohl gereinigt und gewellt wie der Fußboden in einem Palast. Vergeblich streicht indessen der Wind über seine durchsichtige Oberfläche, bis er die lebendige Oberfläche darunter erreicht. Dieses in der Sonne funkelnde Wasserband gewährt einen herrlichen Anblick: Es ist das unverhüllte Antlitz des Teiches voll Lust und Jugend, das die Freude der Fische in der Tiefe und des Sandes am Ufer auszudrücken wünscht. Silbern glänzt es wie die Schuppen des *leuciscus*, als ob es nur ein munterer Fisch wäre. Das ist der Unterschied zwischen Winter und Frühling. Walden war tot und ist wieder zum Leben erwacht ... Allerdings ging das Erwachen in diesem Jahr, wie ich schon erwähnte, langsamer vonstatten.

Der Umschlag von winterlich stürmischem zu mildem, heiterem Wetter, von trüben und trägen zu hellen und tatkräftigen Stunden ist eine denkwürdige Krisis, welche sich in allen Dingen bemerkbar macht. Schließlich ist er wie mit einem Zauberschlag da. Eine Flut von Licht erfüllte plötzlich mein Haus, obwohl Winterwolken darüberstanden, obwohl der Abend nahe war und aus den Dachtraufen

SCHLIESSLICH IST ER WIE MIT EINEM ZAUBERSCHLAG DA. EINE FLUT VON LICHT ERFÜLLTE PLÖTZLICH MEIN HAUS, OBWOHL WINTERWOLKEN DARÜBERSTANDEN, OBWOHL DER ABEND NAHE WAR UND AUS DEN DACHTRAUFEN GRAUPELREGEN HERNIEDERRANN.

Graupelregen herniederrann. Ich blickte zum Fenster hinaus und – siehe da! Wo gestern noch kaltes graues Eis sich befand, lag jetzt der durchsichtige See bereits in voller Ruhe und hoffnungsfreudig wie an einem Sommerabend, spiegelte in seinem Schoß einen Sommerabend wider, obwohl er über ihm noch nicht sichtbar war. Es war, als ob er mit einem fernen Horizont im Einvernehmen stände! In der Ferne hörte ich ein Rotkehlchen. Zum ersten Mal, wie mich dünkte, seit Jahrtausenden, lauschte ich seinem Lied. Und in vielen Jahrtausenden werde ich dieses Lied nicht vergessen – den alten süßen bezaubernden Sang aus der Ewigkeit … O, du mein Rotkehlchen, mein Genosse am Sommerabend in Neuengland! Könnte ich doch den Zweig finden, auf dem du *dich* wiegst! Ich meine gerade dich! Ich meine auch gerade *diesen Zweig!* Du gehörst sicher nicht zum Stamm *turdus migratorius!* … Die Pechtannen und Zwergeichen bei meinem Haus, die so lange die Köpfe hängen ließen, zeigten plötzlich wieder ihren altgewohnten Charakter, sahen heller, grüner, stolzer, lebensfroher aus, als ob sie durch den Regen wirklich gereinigt und erfrischt wären. Ich wusste, dass es nicht mehr regnen würde. Man braucht nur irgendeinen Zweig im Wald, ja nur den Holzstoß anzusehen, um zu wissen, ob dieser Winter fortzog oder nicht. Als die Dunkelheit herabsank, schreckte mich das *Honk-Honk* der Wildgänse auf, die dicht über den Baumgipfeln dahinflogen […]. Ich stand vor meiner Tür. Ihr Flügelschlag war deutlich zu hören. Doch als sie sich meinem Haus näherten und plötzlich mein Licht sahen, verstummte ihr Geschrei. Sie schwenkten nach dem Teich hin ab und ließen sich auf ihm nieder. Ich ging ins Haus, machte die Tür zu und verbrachte die erste Frühlingsnacht in den Wäldern …

Henry David Thoreau

SCHLAFEN WERDEN WIR SPÄTER

23. MAI 2012 – 16:24
Liebe Márti,
bei Nidda muss ich sofort denken, wie selig wir als Kinder waren, wenn wir am Ufer hinter der Altstadt einen Glückspfennig fanden. Fest glaubten, er würde uns Glück bringen. Georg, Dir und mir. Einen Fisch haben wir nie gefangen, oder?
Ich war in Marbach bei Konrad. In Horb am Neckar hatte ich den Wagen abgestellt. Ich musste noch einmal durchatmen. An der letzten Station bevor der Berg aufreißt und das weite Land beginnt. Sagen wir, das halbwegs weite Land. Ich bin zum Fluss hinab. Habe aufs braune Wasser geschaut. Tief Luft geholt. Erst dann bin ich weiter. Nein, kein bisschen Droste mehr in Marbach. Nur noch Konrad. Dreimal hintereinander Konrad. Auf dem Marbacher Hügel stand auf einer Plakatwerbung für Schlösser und Gärten: Was ist Deine Vorstellung vom Paradies? Also habe ich Konrad nach seiner Vorstellung vom Paradies gefragt. Er sagte, das hier. Bücher, Bäume, Himmel, du. So einfach, Márti. Warum habe ich das nicht schon früher begriffen? Bücher. Bäume. Himmel. Ich. So einfach.
Wir sind mit den Rädern am Neckar entlang. Es war leicht. Zum Hochflattern leicht. Zum Wolkenschnappen leicht. Auf and ab zwischen Wein über maigrüne Anhöhen. Von Marbach bis Lauffen. Wo

Konrad doch das Haus seiner Großmutter bezogen hat. Zwergenwinzig. Auch mit vielen, vielen Spinnweben und Vogelnestern unter dem Dachvorsprung. Konrad muss den Kopf einziehen, wenn er es betritt. Aber man sitzt im Hof unter zwei knorrigen Obstbäumen. *Kann Kirschen kosten und Blumen betrachten, schöner als irgendein Bilderbuch.* Hört zur vollen Stunde die Glocken der Regiswindiskirche. Geht hundert Schritte und schaut über eine Mauer auf den Neckar. Der genau in dieser Biegung beruhigend träge fließt. Ich wundere mich jedes Mal, warum in keinem der Boote ein Mädchen sitzt, das seine roten Schuhe soeben dem Fluss schenken wollte. Konrad hat eine Tätowierung auf der Brust. Unter der rechten Schulter. Eine Dogge, ja, ausgerechnet. Er sagt, aus einer Zeit, die er lieber vergessen würde. Ich frage nicht weiter. Ich solle es als Dogge-Droste-Wellenbild weiterdenken. Dann ergebe es wenigstens einen Sinn. In Ordnung, werde ich.
Übrigens steige ich im Museum noch immer zum Poesieautomaten hinab. Auch wenn in meinem Leben jetzt einiges geklärt scheint. Sogar Bio-Kurt von Konrad weiß. Ich auf Orakel also verzichten könnte. Diesen Satz hier hat der Automat gemischt und auf seiner Anzeige ausgespuckt: *In Zukunft dichten wir nur noch.* Das ist eindeutig ein Satz für Dich, Márta Horváth. Ich habe ihn gelesen, aber er muss für Dich sein. Mir hat man ihn nur geschickt. Man hat den Umweg über mich genommen. Damit er sicher bei Dir ankommt. Ich habe ihn für Dich aufgeschrieben. Hier ist er nun. Festgehalten. Für Dich. *In Zukunft dichten wir nur noch.*
Johanna

25. MAI 2012– 10:57
Liebste Johanna,
auf dem sonnenheißen Fußballplatz spielte Franz gestern auf dem neuen Rasen, auf seine unermüdlich ballverliebte, tollkühne Franz-Art, eine Mutter gab im Schatten eine Runde Sekt aus, in Gläsern aus der Kühltasche. Henri kletterte auf Kastanien und jagte Spatzen, Molke war mit ihrer Klasse im Schwimmbad, auf dem Weg nach Hause trafen wir Freunde, das Mädchen schaute Franz mit großen Augen an, die Mutter strich Franz übers Haar und sagte, ach, mein zukünftiger Schwiegersohn mit den braunen Locken – und genau in

Aber man sitzt im Hof unter
zwei knorrigen Obstbäumen.
Kann Kirschen kosten und Blumen
betrachten, schöner als
irgendein Bilderbuch.

diesem Augenblick, Johanna, als die Sonne sich hinter zwei winzige Wolken zurückziehen wollte, dachte ich, es ist eigentlich ganz schön, dieses Leben, schau es dir genauer an, mach dir die Mühe zu sehen, eigentlich ist es doch ganz schön.

Am Abend kam das neue Kindermädchen, es spricht deutsch, es macht den Eindruck, pünktlich sein zu können, es wirkt nett, aufgeräumt und versprüht etwas von einfachem, gutem Leben, von Spaziergängen an Feldrainen und mühelosem Trösten, die Kinder teilten selbstverständlich und gelassen mit ihm das Abendbrot, früher hätten sie die Straße zusammengebrüllt, und die Fenster hätten sich unter dem Lärm nach außen gebogen. Ich stieg aufs Rad, fuhr zum Main und saß bis zur einbrechenden Dunkelheit mit Lori unterhalb des Filmmuseums in Liegestühlen am Wasser, das noch immer eher nach Winter als nach Sommer riecht, bei Nusskuchen und Apfelwein redeten wir über Stunden, ja, Lori kann reden, reden, reden, dreimal hintereinander kann sie das, gehen kann sie nicht, aber reden. Sie hat ähnliche Dinge gesagt wie Du im Winter in der Münchner Mandlstraße, unter einem Schwabinger Eishimmel, als hättet Ihr Euch abgesprochen, und als sie sagte, du wirst weiterschreiben, Márta, mit ihrem ernsten Loriblick und ihrem Jetzt-hör-mir-gut-zu-Ton, du wirst weitermachen, nicht heute, nicht morgen, vielleicht auch nicht nächstes Jahr, aber du wirst weiterschreiben, weiterschreiben wirst du, Márta Horváth, da klang es sogar halbwegs vertraut, und nichts in mir wehrte, nichts in mir wand sich, nichts in mir dachte, sie spinnt, diese dumme, schlaganfällige Lori, nichts hat sie verstanden, nichts. Sie könnte recht haben, dachte ich, nur so viel, sie mag recht haben, stell Dir vor, Johanna, ich war bereit, das zu denken, während die Sonne ins Wasser glitt und den Himmel seinem dunkelsten Blau überließ, dachte ich, Lori könnte recht haben.

Es liebt Dich,
Márta

Zsuzsa Bánk

SIEBEN RICHITGE

KÖLN

Es klingelt ganz hinten im Kopf, das müsste jemand leiser stellen, kann das bitte jemand leiser stellen.
Ibuprofen, ruckelt es durch Eva Winters Gedanken, und: zu spät, als sie vom Schlafzimmer Richtung Wohnungstür stolpert, sie wird zu spät dort eintreffen, wo das Klingeln herkommt. Wer auch immer sich die Mühe gemacht hat, sie aus ihrem Mittagsschlaf zu lärmen, wird ganz sicher, sobald sie öffnet, nicht mehr draußen stehen. Als ihr Zeh ungebremst gegen die kratzige Fußmatte stößt und sie zischend flucht, weiß sie es wieder ganz genau: Der Abend war wunderbar, der Tag ist die Hölle.

Punkt neun Uhr morgens hatte Helena gestern vor der Tür gestanden, sie hatte die späte SMS am Mittwoch nicht mehr gelesen, aber nun frische Brötchen dabei, Blumen, einen Luftballon und ein Säckchen mit grobem Salz, sie lächelte diesem 12. Juli und ihrer alten Freundin entgegen. Statt *Hoch soll sie leben* sang Helli »Hier soll sie wohnen, nah bei mir«, sie zerdrückte die Blumen zwischen sich und Eva, die eine dicke Umarmung brauchte. Denn sie war dankbar und konnte das Glück fühlen, das sie für das dritte Lebensviertel in die Nähe der besten aller Freundinnen gespült hatte. Eva wusste, sie war die Flaschenpost, die Helena selber abgeschickt hatte, und nun standen sie hier auf dem sandigen Grund eines Neuanfangs, sie stemmten vier Füße in den Boden, jede Flut konnte kommen, sie waren befreundet.
Helena leitete die Presseabteilung in Evas Verlag, sie hatte vom ersten Manuskript an gemocht, was Eva schrieb und was sie nicht schrieb. *Von all den Menschen, die hinter all den Buchstaben stecken,* hatte Helli ihr auf eine Geburtstagskarte gekrakelt, *bist du mir einer der liebsten.*
Sie kannten sich seit zwanzig Buchmessen und wollten keines ihrer Gespräche missen; vom längst verdienten Nobelpreis bis zum ak-

tuell nutzlosen Lebenspartner vertrauten sie aneinander an, was sie nicht gleichgültig ließ. Jedes Jahr im März zur Leipziger Messe aßen sie Tapas nach langen Tagen unter dem Brennglas der großen Hallen und feierten ihr Wiedersehen im Oktober in Frankfurt, bei Schnitzel mit grüner Soße und Ohrensausen zwischen Lektorinnen oder Investmentbankern, und nahmen Abschied mit einer Umarmung, die wieder für sechs Monate reichen musste. Dazwischen redeten sie an ungezählten Feierabenden von Küchentisch zu Küchentisch, bis ihre Telefone wieder aufgeladen werden mussten.
Dass sie nicht auf ewig in Bochum leben und schreiben wolle, beteuerte Eva bei jedem ihrer Treffen, aber auch ihr Vater werde nicht ewig leben und werde es verkraften, ganz sicher, dass sie seine Stadt verließ, sobald er auf dem Freigrafendamm neben seiner Frau Luise lag. Bis dahin aber brauchte Harald Winter seine einzige Tochter und brauchte die Gewissheit, dass sie in seiner Nähe bliebe, um ihn an ihre Mutter zu erinnern.

In Helenas Supermarkt, an der Wandtafel neben den Plastikkörben, wo Fahrradschlüssel gefunden und Babysitze verkauft werden, da hatte vor einigen Wochen auch dies gehangen, gleich neben der *Rückbildung mit Pilates:* L. Bernikov suchte einen Nachmieter für 2 Zimmer und 1 Badewanne. *Erdgeschoss, kleiner Garten. Nette Nachbarn und ein scheuer Igel, mit Einbauküche, Ecke Birkenallee, kurzfristig frei.*
Es war der Tag, an dem der Arzt seinen letzten Besuch bei Evas Vater absolvierte.
Helena machte erst ein Handyfoto von dem Aushang, dann schielte sie rüber zur Bäckereitheke, wo die Verkäuferin Frau Atasoy gerade das Preisschild für Erdbeerschnitten korrigierte, und riss das Papier einfach ab, riss es herunter für ihre beste Buch-Freundin. »Andere Leute, Evi, werden andere Einbauküchen finden, und du musst dringend da weg!«
Sie hatte ja recht, Eva musste dringend da weg, wo ihr Stammbaum verdorrte.
In Evas Posteingang landete das Zettelfoto, Helena pries die Zweizimmerwohnung an wie einen Gratisflug zum Mars, wann habe schon mal im Edeka eine so einmalige Chance an der Wand gehangen, da müsse Eva doch zuschlagen und ihren Hintern bewegen, jetzt oder nie:

... schreib doch deine Bücher, wo du willst, Evi, schreib doch meinetwegen überall! Aber am liebsten hier in meiner Nähe. Köln hat den besten Rosé von überall, ich schwöre. Also, wenn du neu anfangen willst – ich bin hier und immer für dich da! Helli

Sie korrigierte noch einzelne Wörter auf Großschreibung, schrieb HIER, NEU und IMMER, dann klickte sie auf »Senden« und machte sich auf den Weg zur Birkenallee, um das Haus zu fotografieren, die Umgebung und, mit etwas Glück, den Igel im Garten.

Als Eva gestern die ramponierten Blumen in das Spülbecken mit kaltem Wasser gelegt hatte, klingelte ein zerknirschter Mann mit fleckiger Mütze und lieferte ihre Möbel und Kartons.
Gut, dass Sie nicht verunglückt sind. Eva spricht den Gedanken nicht aus und bittet den Mann besonders freundlich herein.
Am Nachmittag packten sie alle Kisten aus, die mit *Wichtig!* beschriftet waren, und stapelten die anderen im Wohnzimmer, auf denen *Marías und Murakami* stand oder *Weihnachten 1* oder *WOHIN?*.
Auf der überschaubaren Grünfläche zwischen Terrasse und Buchsbaumhecke setzten sie sich anschließend ins Gras. Den Rosé in fast sauberen Gläsern zwischen den Beinen, feuerten sie die Wolke an, die den Umriss von Australien hatte, damit sie sich schützend vor die Sonne schob.

Und noch mal dieses Klingeln, das in die Schläfen zieht. Evas erster Freitag im neunundvierzigsten Lebensjahr ist bis hierhin offiziell unbrauchbar, sie wird noch einmal Taschen und Schubladen durchsuchen, um ihn zu retten mit einer trockenen, verlässlichen Tablette gegen den zeternden Restalkohol in ihrem System, aber erst muss sie die Tür –
»Hallo! Sie sind ja doch da«, stellt Linda Bernikov fest und streckt Eva die Hand hin. Ich hatte schon mal geklingelt. Und angerufen.«
Sie präsentiert, um das zu verdeutlichen, ihr Handy.
»Ja«, sagt Eva, »mein Handy war aus.« Sie hat den Türgriff umklammert und reibt den rechten Zeh am linken Unterschenkel. »Und Sie sind gar nicht mehr in Rom ...«
»Richtig! Ich wollte wegen der Sachen ...«

Auf der überschaubaren Grünfläche zwischen Terrasse und Buchsbaumhecke setzten sie sich anschließend ins Gras. Den Rosé in fast sauberen Gläsern zwischen den Beinen, feuerten sie die Wolke an, die den Umriss von Australien hatte, damit sie sich schützend vor die Sonne schob.

Eva reckt das linke Ohr nach vorn, sie geht davon aus, dass der Satz noch nicht zu Ende ist, sie hat den Punkt verpasst, an dem sie die hartnäckige, aber nicht unfreundliche Vormieterin hätte hereinbitten sollen.

»Ich hatte ja gesimst, dass ich noch Sachen im Keller hab.«

»Ja, hab ich gefunden. Hab ich rausgestellt. Im Garten.«

Eva lässt die Tür offen, dreht sich um und geht sehr konzentriert durchs Wohnzimmer. Sie hält die Terrassentür auf für Linda Bernikov, die ihr gefolgt ist, wobei sie sich mit hektischen Blicken umgesehen hat.

»Ah, mein Zelt!«, stellt Linda fest, als sie nach draußen tritt, und Eva sagt:

»Wissen Sie, wie lang die Apotheke hier geöffnet hat?«

»Nee. Aber es gibt zwei.«

»Ah.«

Linda steckt ihr Handy in die Hosentasche, bückt sich nach dem runden Plastikpaket und der quietschigen Kühltasche, hebt sie auf und erklärt: »Jetzt kann ich campen!«

»Okay…«

»Mein Freund… also, wir haben uns… ICH habe, na ja, egal, jedenfalls sind wir gestern zurück aus Rom, und ich muss erst mal aus der Wohnung raus, und da passt es natürlich super, dass ich das Zelt vergessen habe. Bei mir im Keller, also bei Ihnen.«

»Ja, super.«

Eva steht im Schatten unter der Überdachung, auf keinen Fall kann ihr Kopf heute in der Sonne sein, auf gar keinen Fall darf irgendeine Junkersdorfer Apotheke heute vorzeitig schließen, falls sich in den unausgepackten Kartons nicht doch noch eine Schmerztablette findet.

»Voll die schönen Sachen«, kommentiert Linda Evas Gartenmöbel, »ich hatte hier immer so einen Sitzsack, kennen Sie? Sitzsäcke sind groß!«

»Sie können sich auch setzen«, sagt Eva, »ich hab gestern neues Ginger Ale geholt, oder Wasser hab ich auch, ich muss nur mal kurz ins Bad –«

»Oh!«, sagt da Linda Bernikov mit einem Gesichtsausdruck, als hätte sie mit sechs Richtigen fünf Euro gewonnen, dann stellt sie Zeltpaket und Kühltasche eilig vor ihre Füße, »wär das okay, wenn ich zuerst aufs Klo…? Ist echt dringend, sorry!«

Zehn Minuten später hat Eva einen Tampon weniger und Linda eine große Sorge. Sie sind beim Du und beim Kaffee, Linda hat in ihrer Umhängetasche Kopfschmerztabletten gefunden, gleich zwei davon hat Eva mit Ginger Ale runtergespült, jetzt wartet sie auf die Wirkung, dann kann dieser Tag noch einen Abend haben.
Linda könnte ihre Tochter sein, dann wäre sie eine junge Mutter gewesen. Soll sie ruhig noch ein bisschen bleiben, denkt Eva, sie hat so süß geschluchzt, als sie aus dem Bad kam, sie konnte sich zwischen Erleichterung und irgendwas anderem nicht entscheiden, fragte nach Bier und Kaffee und musste sich setzen, Luft holen, einen Atemzug nach dem andern, auch das Ausatmen nicht vergessen.
Linda erzählt von Rom und einem Kind, das sie, gepriesen sei der unregelmäßige Zyklus, nicht bekommen wird, das sie nicht wollte, nicht so, nicht jetzt, und listet Tims Eigenschaften auf, in die sie sich verliebt hat, danach die Dinge, die sie ohne ihn tun möchte, ab jetzt. Ab morgen. Eva hört zu, wie sie ihrer Tochter zuhören würde. Die wäre eine schluchzende junge Frau, verletzlich, ihrer Mutter zum Verwechseln ähnlich, wer weiß. Schön, auch wenn sie weint, so könnte sie sein.

Es ist ein Abend, der allen, die ihn im Freien verbringen, weismacht, dass es so etwas wie Wärmegewitter nie gegeben hat oder jemals geben wird. Warum irgendwo anders sein, wir gehen nie wieder ins Haus. Die Stunden kippen lautlos um, das Blau wird zum Dunkel, das Schmunzeln zum Grinsen, das Nicken zur Lachträne; sie spüren ihre Zwerchfelle, sie entdecken Gemeinsamkeiten wie Seen in den Bergen, sie haben Spaß, Zeit und keine Strickjacken.
Von gestern müsste noch Rosé da sein, prima, und du schreibst also, cool, und was möchtest du machen als freie Grafikerin, aha.
Sollen wir nicht mal was zusammen, ohne Kopfschmerzen ist die Welt viel schöner, du willst doch um diese Zeit nicht mehr nach Bochum.
Die Geschichten werden Biografie, die Ideen werden Träume – hier in diesem Leben bin ich jetzt zu Hause, findet Eva Winter, und in der Hecke raschelt ein Tier durch die Nacht, schlaflos.

Volker Jarck

Eine Nachterinnerung

25. August, 9 bis 10 Uhr – Ich sitze am Rande des Teiches, alles ist still, die helle, polierte Wasserfläche vor mir ausgebreitet – das Blau des Himmels und die weißen Wolken – und ab und an der Widerschein eines über das Wasser fliegenden Vogels. Gestern war ich bis Mitternacht mit einem Freund hier draußen. Alles ein Wunder an Herrlichkeit: die Pracht der Sterne und der vollendete Vollmond, die vorüberziehenden Wolken, silbern und leuchtend lohfarben, dann und wann nebelhafte, beleuchtete, vom Winde gejagte Wolkenfelder – und schweigsam neben mir mein lieber Freund. Die Schatten der Bäume und Streifen des Mondlichts auf dem Gras – die sanft wehende Brise und der beinahe fühlbare Duft des reifenden Maises in der Nähe. Die schläfrige und geistige Nacht, unsagbar reich, zart, suggestiv – etwas, das ganz und gar die Seele durchzieht und noch lange danach die Erinnerung nährt.

Walt Whitman

DIE ALTE FREUNDSCHAFT UND DIE KLEINEN ERINNERUNGEN

Für Kesten zum 60. Geburtstage

Lieber Hermann,

wie kommt Freundschaft zustande? Da lernen einander, bei der Witwe Siegfried Jacobsohns, ein Glas in der Hand, zwei junge Schriftsteller sich kennen, lächeln einander zu und fragen sich im Stillen und verwundert: »Wieso denn erst heute?« Schon das Sichkennenlernen ist eine Wiederbegegnung. Doch woran mag es liegen? An den Gemeinschaften ihres Wesens? An den Zügen, darin sie sich unterscheiden? An der »richtigen« ungleichen Mischung von Gleichem und Ungleichem? Das schmeckt nach angewandter Mathematik. Es riecht nach Kolloidchemie. Lassen wir's, trotz unser beider Spott über die falschen Magier und windigen Geheimnistuer, dabei bewenden, dass der Ursprung der Freundschaft zu den schönen Geheimnissen zählte.

Wodurch Freundschaft, nach ihrer Geburt, weiterlebt, ist kein Geheimnis. Sie nährt sich von gemeinsamen Erlebnissen. Sie bleibt gesund und wächst durch gemeinsame Erinnerungen, deren Vorrat, wie beim Topf im Märchen, trotz allen Zuspruchs unaufzehrbar bleibt.

Lieber Hermann, die Weltgeschichte war uns beim Einheimsen solch gemeinsamer Erinnerungen viele Jahre finster und fatal im Wege. Gleichwohl ist es um den Märchentopf nicht schlecht bestellt, und wir werden uns, damit er nicht überläuft, bald einen größeren zulegen müssen.

AM LIEBSTEN HAB ICH, ALS TOPFGUCKER, DIE KLEINEN ERINNERUNGEN. SIE GLEICHEN ALTEN MOMENTAUFNAHMEN, SECHS MAL NEUN, KURZ BELICHTET, EIN WENIG UNSCHARF UND ETWAS VERWACKELT, WIE MAN SIE IN SCHUBLADEN WIEDERFINDET, HERVORKRAMT UND NACHDENKLICH BETRACHTET.
Da schmelzen die Jahre und Jahrzehnte wie Schnee in der Sonne. Da wird das Längstvergangene mit einem Zauberschlage Gegenwart, und alles Spätere wird Zukunft, freilich eine andere Zukunft als die von damals, wird zur Zukunft, die wir kennen! Das Nacheinander gruppiert sich zum Nebeneinander. Das Damals wird zum Jetzt, und das Danach ist unverhüllt. Ein seltsames Spiel. Der Fluss, worin alles fließt, hält behext inne ...

... und wir stehen beide, Hand in Hand wie Hänsel und Gretel, in einem Redaktionszimmer des Berliner Tageblatts vor Fritz Engel, den wir, in parodierter Weh- und Demut, inständig darum bitten, seinem Rezensenten X. und dem Doktor Engel selber mitzuteilen, dass wir, obzwar jung und trotz ähnlich klingender Familiennamen, schon jetzt eigenwillig genug seien, Ihre Novellen unter dem Namen Kesten und meine Gedichte unterm Namen Kästner herauszubringen. Verwechslungen und daran anknüpfende Werturteile müssten in der künftigen Literaturgeschichtsschreibung merkliche Verwirrung stiften, und das könne doch eine Zeitung von Format unmöglich wollen ...

... oder ich besuche Sie, während eines Umzugs, in der neuen Wohnung, wo die Toni und Ihre Mama und Ihre Schwester mit den Möbelräumern Schränke, Betten und Tische rücken und schieben. Ich frage Sie, der als Feldherr zuschaut, nach dem strategischen Sinne der Schlacht. »War die frühere Wohnung denn nicht bequemer? Warum muss es denn, so fern vom neuen Westen, die Urbanstraße sein?« »Wegen meines nächsten Romans«, antworten Sie. »Ich brauche die Gegend, weil er hier spielen wird. Ich brauche die Hasenheide, Neukölln und ganz besonders das Kaufhaus am Hermannplatz!« »Dafür genügte doch ein möbliertes Zimmer!« »Nein, ich brauche ja auch meine Familie!«

… oder wir haben Joseph Roth bei Mampe an der Uhlandstraße aufgestöbert. Hier trinkt und schreibt er seit Stunden. Seine Augen sind von Kognak gerötet. Doch die letzte kalligraphische Miniaturseite des Manuskripts sieht genauso gestochen aus wie die erste. Er unterbricht die Arbeit und streicht sich, während wir plaudern, den Schnurrbart. Als noch Kiepenheuer, Landshoff und Landauer kommen, wird der Tisch zu klein, und wir gehen ins Hotel am Zoo. Dort bestellt sich Roth, zu meiner Verblüffung, eine Flasche Angostura! Er trinkt sie, indem wir reden, bis zum letzten Tropfen leer und wirkt, nach wie vor, nüchtern wie ein Temperenzler. Nur die Augen wölben sich vor, und ihr Weiß wird immer röter. Es sind die Augen der unheilbaren Trinker. Später einmal wird er die »Legende vom heiligen Trinker« schreiben und kurz darauf den vorgezeichneten, den gleichen Tod sterben …

… oder wir sitzen eines Sonntagvormittags in einer Parkettloge des Theaters am Schiffbauerdamm. Anlässlich einer Uraufführung. Man spielt ein Stück mit dem Titel »Wohnungsnot oder die heilige Familie«, und der Autor heißt Hermann Kesten. Es wird schlimm und immer schlimmer. Denn Maria Fein, die prachtvolle Heroine, hat ihren Text vergessen, behandelt ihr Lampenfieber, nach jedem Auftritt, in der Garderobe mit Alkohol, offenbar nicht »äußerlich«, und so bahnt sich die Katastrophe der Aufführung lange vor der Katastrophe im Drama an. Umso rascher, als einer der Zuschauer von Szene zu Szene lustiger wird und immer mehr lacht. Mir stehen die Haare zu Berge. Denn der Mann, der lacht, ist mein Nachbar, und dieser Nachbar sind Sie! Als dann gar im Parkett jemand aufspringt, Ihnen droht und empört zuruft: »Haben Sie wenigstens Respekt vor dem Autor!« – da ist es mit Ihnen völlig aus. Wir verlassen fluchtartig das Theater, um den Autor nicht länger zu kränken. Wir sind ja schließlich Kollegen von ihm …

… oder wir treffen einander, ernst und eilig, vorm Café Léon am Lehniner Platz. Zwei Tage nach dem Reichstagsbrand. Ich bin überstürzt aus der Schweiz zurückgekommen. Sie zeigen mir die Fahrkarten nach Paris. »Heute Abend fahren wir!« Und ich sage: »Müssen wir denn nicht bleiben? Wir können doch nicht alle auf und davon!« Diese kleine Erinnerung hat mich oft bis in die Träume verfolgt. Wenn Sie womöglich geblieben wären …

Die kleinen Erinnerungen. Die große Pause. Und nach dem Kriege von neuem: kleine Erinnerungen. An Monteverdis »Dido und Aeneas« im Teatro Olimpico, als Dido die Arie im Munde stecken blieb, weil eine Katze aus Palladios Kulissen zur Rampe kam und mit dem Dirigenten anbändeln wollte …

An die Omnibusreise von Paris nach Nizza, mit der obskuren Übernachtung in Lyon … An den Nachmittag mit Sperber und Breitbach im »Dôme« … An das Glatteis auf der Princess Street in Edinburgh … An die kühle Fahrt auf dem Mauleselkarren durch die lilafarbenen Rhododendrenwälder in Irland … An den Nachmittag in Rom, und Lotte wollte doch unbedingt zuerst zur Spanischen Treppe … An Hamburg, an Freiburg, an Frankfurt, und immer wieder an München … wo wir meinen Sechzigsten gefeiert haben und nun den Ihrigen feiern werden … Auf Ihr Wohl, lieber Hermann! Auf neue Erinnerungen! Und auf die alte Freundschaft!

Erich Kästner

LIEBLINGSBLICK

ES GIBT EINE STELLE, die mir sehr lieb ist, und der Winter muss es arg treiben, soll ich sie nicht jeden Tag begrüßen, wenigstens einmal; bis jetzt habe ich den größten Teil der gestohlenen Zeit dort verlebt. Hören Sie! (...)

Es ist ein Gartenhäuschen an der höchsten Stelle des Waldes, wo sich die Aussicht ins Tal öffnet. Zwei Wege gibt es dorthin, einen steil und dornig, wie den der Tugend, und ihn pflege ich zu gehen oder vielmehr zu klettern; denn er bringt mich in drei Minuten hinauf, wenn auch keuchend und halb tot; der andre gleicht dem der Sünde, breit und gemächlich, deshalb verschmähe ich ihn auch, zumal da er die Eigenschaft besitzt, eine Viertelstunde lang zu sein. Sie mögen gewählt haben, wen Sie wollen, wir sind jetzt jedenfalls oben. Es ist ein einsamer Fleck Erde, sehr reizend und sehr großartig. Ich sitze nur bei rauer Luft im Rebhäuschen, sonst davor unter einer großen Trauerweide, ganz versteckt durch die Reben, mit denen der Abhang bis ins Tal besetzt ist, das Tal selbst schmal und leer, das Gebirge gegenüber sehr nah und mit Nadelholz bedeckt, was sie schwarz und starr aussehen lässt; so nun Berg über Berg, ein kolossales Amphitheater, und zuletzt die

Häupter der Alpen mit ihrem ewigen Schnee, links die Länge des Tals vom Bodensee geschlossen, dessen Spiegel im Sonnenschein mich blendet, und der überhaupt mit seinen bewegten Wimpeln und freundlichen Ferstädtchen hinüberleuchtet, wie das Tageslicht in einen Grotten-Eingang. ES IST SELTSAM, WIE DIE KLARHEIT DER ATMOSPHÄRE JEDEN GEGENSTAND HERANRÜCKT; ICH BEDARF HIER NUR LIEBLINGSBLICK EINER GUTEN LORGNETTE, UM MEILENWEIT ZU SEHEN, UND DASSELBE LEISTEN ANDERE MIT FREIEN AUGEN. In Hülshoff habe ich den Spiegel eines nicht fünf Minuten entfernten, großen Teiches nie deutlicher gesehen als hier am Rebenhäuschen den eine Meile fernen See, auf dem ich jedes Segel zähle, ja sogar in dem Städtchen Lindau am jenseitigen Ufer einzelne Gebäude unterscheide. Die Alpenhäupter nun gar, denen nicht viel mehr Luft als keine geblieben, scheinen oft so nah, dass man nur sogleich hinangehen möchte.

Ich unterscheide jede Schlucht am Säntis so genau, dass ich meine, wenn ein Gämsenjäger daraus hervorträte, ich müsse es sehen, und doch sind's sechs gute Stunden bergauf, bergab bis zum Fuß dieses alten Herrn und zu seinem Gipfel. Von meiner Bank unter der Weide aus durchstöbere ich jede Schlucht, besteige ich jede Klippe, zwar nur in Gedanken, aber was so nah und deutlich erscheint, davon hat man schon so genug und glaubt nichts Neues gewinnen zu können durch Annäherung. Hier träume ich oft lange, komme oft recht verklammt zurück, denn die Abende werden allmählich frisch; aber hier droben ist meine Heimat, hier geht alles an mir vorüber, was ich nur in meinem Herzen habe mitnehmen können. Vieles, Vieles. Wenn ich den ganzen Tag mit anderen Vorstellungen bin gefüttert worden, hier mache ich mein eigenes Schatzkästlein auf und reiche Ihnen, mein teurer Freund, von hier aus die Hand über so manche Stadt, so manchen Berg und den breiten Rhein.

Annette von Droste-Hülshoff

Das Glück

IN DER ARD VERANSTALTEN sie eine Themenwoche über das Glück. Ich lege ja auf Glück keinen gesteigerten Wert. Glück finde ich furchtbar. Ich hatte einen Freund, dem es gut ging. Er lebte mit einer, soweit ich das beurteilen kann, sympathischen Frau zusammen, er war aus kleinen Verhältnissen zu einem beachtlichen Wohlstand aufgestiegen, hatte das, was man einen »interessanten Job« nennt, war pumperlgesund, alles prima. Wenn wir zusammen essen waren, klagte dieser Mensch fast ununterbrochen. Ärger mit dem Chef. Die Karriere geht nicht mehr voran. Die Frau, na ja, perfekt war sie nicht. Und dann auch noch der unerfüllte Kinderwunsch. Das sind alles Probleme, ohne Zweifel. Wobei ich sicher bin, dass er im Falle einer Erfüllung des Kinderwunsches ansatzlos damit begonnen hätte, über den Stress und die Doppelbelastung zu klagen.

Unsere Vorfahren waren bekanntlich völlig zufrieden, wenn sie überlebten. Um zu überleben, hatte man gut zu tun. Genug zu essen und es schön warm zu haben und in der Nacht nicht alleine zu sein, das war schon richtig super. Für alle weitergehenden Wünsche war das Jenseits zuständig. Jetzt geht es uns etwas besser, jetzt wollen wir das Optimum, und dies selbstverständlich im Diesseits.

Die einzige brauchbare Definition von »Glück« heißt für mich: Du bist in der Lage, dich an dem zu erfreuen, was bei dir gut läuft. Den ganzen Rest kannst du vergessen. **DU KANNST EINEN GEGLÜCKTEN MOMENT ERKENNEN UND IHN AUSKOSTEN.** Mehr geht nicht, mehr ist nicht im Angebot. Die Suche nach dem perfekten Leben ist die sicherste Methode, unglücklich zu enden.

Eigentlich weiß das jeder. Man hält sich nicht daran, weil das Leben so ähnlich funktioniert wie eine Zeitung. In der Zeitung stehen vorne ganz groß die Katastrophen, die Kriege, die Trennungen und die Krisen. Wenn man im Restaurant die Zeitung liest, denkt man: eine schreckliche Welt. Aber dann kommt der Ober mit dem Germknödel, und man merkt: So schrecklich ist die Welt in Wirklichkeit gar nicht.

Die Suche nach dem vollkommenen Glück ist der Totalitarismus des kleinen Mannes. Gefährlich wird die Sache, wenn sie Staaten oder Bewegungen erfasst. Wenn ein System vollkommene Gerechtigkeit verspricht, totale Freiheit oder das Glück auf Erden für alle, kann man nur sehen, dass man schnell das nächste Flugzeug erwischt, in ein Land, in dem die Leute in Ruhe ein bisschen unglücklich oder ungerecht sein dürfen.

Das Lexikon sagt: Die Erfüllung menschlicher Wünsche und unseres Strebens, das heißt Glück. Demnach ist das Glück ein Zustand der Wunschlosigkeit. Quallen und Fadenwürmer sind wahrscheinlich glücklich. Glück muss wahnsinnig langweilig sein. Jemand ist Fan, sagen wir, von Bayern München. Wenn Bayern München jahrelang immer nur gewinnt, bedeutet dies für den Fan anfangs die pure Euphorie, später ist es angenehm, aber dann wird es, ganz allmählich, sehr, sehr traurig. Die Siegesfeiern werden immer routinierter, bis schließlich keiner mehr freiwillig hingeht.

Ich muss das nicht haben. Ich will mich auch mal ärgern, ich will auch traurig und wütend sein. Wenn du krank warst und zum ersten Mal wieder spazieren gehst, wenn du gefeuert wurdest und einen neuen Job angeboten bekommst, wenn du alleine warst und jemanden gefunden hast, das sind die besten Momente. Wenn aber kein einziger meiner Wünsche erfüllt wird und mein gesamtes Streben vom Schicksal komplett ignoriert wird, ist das natürlich auch ungut. Irgendwo zwischen dem Glück und dem Unglück liegt die Zone, wo es sich am besten leben lässt.

Harald Martenstein

DAS SCHICKSAL IST EIN MIESER VERRÄTER

(Auszug)

ICH SCHÄTZE, ER MUSS eingeschlafen sein. Irgendwann schlief ich auch ein und wachte erst wieder auf, als das Fahrwerk ausgefahren wurde. Ich hatte einen ekligen Geschmack im Mund, und ich versuchte den Mund zuzulassen, um nicht das ganze Flugzeug zu vergasen.

Ich sah zu Augustus, der aus dem Fenster blickte, und als wir in die tief hängenden Wolken eintauchten, streckte ich mich, um die Niederlande zu sehen. Es sah aus, als wäre das Land im Meer versunken, kleine grüne Rechtecke, auf allen Seiten von Kanälen umgeben. Wir landeten sogar parallel zu einem Kanal, als gäbe es zwei Landebahnen: eine für uns und eine für Wasservögel.

Als wir unser Gepäck geholt und den Zoll hinter uns hatten, quetschten wir uns in ein Taxi. Der Taxifahrer war ein teigiger Glatzkopf, der perfekt Englisch sprach, wahrscheinlich besseres Englisch als ich.

»Hotel Filosoof?«, sagte ich.

Und er sagte: »Sind Sie Amerikaner?«

»Ja«, antwortete meine Mutter. »Wir kommen aus *Indiana.*«

»Indiana«, sagte er. »Sie haben den Indianern das Land genommen und den Namen gelassen, was?«

»So was in der Art«, murmelte meine Mutter. Der Taxifahrer fädelte sich in den Verkehr ein, und wir fuhren auf eine Schnellstraße mit blauen Schildern, auf denen Orte mit vielen Diphthongen und doppelten Vokalen standen: Oosthuizen, Haarlem. Am Straßenrand erstreckte sich kilometerweit flaches Land, gelegentlich unterbrochen von riesigen Konzernzentralen. Kurz gesagt, die Niederlande sahen genauso aus wie Indianapolis, nur dass die Autos kleiner waren.

»Das ist Amsterdam?«, fragte ich den Taxifahrer.

»Ja und nein«, antwortete er. »Amsterdam ist wie die Ringe eines Baums: Es wird älter, je näher man zum Zentrum kommt.«

Es passierte ganz plötzlich: Wir fuhren von der Schnellstraße ab, und da waren die Häuserreihen, wie ich sie mir vorgestellt hatte, gefährlich über die Kanäle gebeugt, und überall Fahrräder und Coffeeshops, die mit GROSSEN RAUCHZIMMERN warben. Wir überquerten einen Kanal, und von der Brücke sah ich Dutzende von Hausbooten, die vor Anker lagen. Hier war es kein bisschen wie in Amerika. Es war wie auf einem alten Gemälde, nur in echt – fast schmerzhaft idyllisch im Morgenlicht –, und ich überlegte, wie wundervoll merkwürdig es sein musste, an einem Ort zu leben, wo fast alles von Toten erbaut worden war.

»Sind die Häuser sehr alt?«, fragte meine Mutter.

»Viele der Kanalhäuser stammen aus dem Goldenen Zeitalter, dem siebzehnten Jahrhundert«, erklärte der Taxifahrer. »Unsere Stadt hat eine große Geschichte, auch wenn viele Touristen nur am Rotlichtbezirk interessiert sind.« Er hielt inne. »Manche Touristen halten Amsterdam für die Stadt der Sünde, aber in Wirklichkeit ist es die Stadt der Freiheit. Und in der Freiheit finden viele Leute die Sünde.«

Im Hotel Filosoof waren alle Zimmer nach *filosofen* benannt: Mom und ich übernachteten im Kierkegaard im Erdgeschoss; Augustus war einen Stock über uns im Heidegger. Das Zimmer war klein: ein Doppelbett an der Wand, an dessen Fuß ein BiPAP-Gerät, ein Sauerstoffkonzentrator und ein Dutzend nachfüllbarer Sauerstoffflaschen standen. Neben der medizinischen Ausrüstung gab es noch einen staubigen alten Paisleysessel mit durchgesessenem Polster, einen Schreibtisch und ein Bücherbord über dem Bett, auf dem die gesammelten Werke von Sören Kierkegaard standen. Auf dem Tisch stand ein Weidenkorb voller Geschenke der Feen: Holzschuhe, ein orangenes Holland-T-Shirt, Pralinen und andere Kleinigkeiten.

Das Filosoof befand sich in nächster Nähe zum Vondelpark, dem berühmtesten Park von Amsterdam. Meine Mutter wollte gleich einen Spaziergang machen, aber ich war hundemüde, deshalb stellte ich das BiPAP an und setzte die Atemmaske auf. Es war unangenehm, mit dem Ding zu reden, aber ich sagte zu ihr: »Geh ruhig in den Park, und ich rufe dich an, wenn ich aufgewacht bin.«

»Na gut«, sagte sie. »Schlaf gut, Liebes.«

Als ich nach ein paar Stunden aufwachte, saß sie immer noch in dem uralten Sessel in der Ecke und las einen Reiseführer.

»Guten Morgen«, sagte ich.

»Eigentlich spät am Nachmittag«, antwortete sie und stemmte sich mit einem Seufzer aus dem Sessel. Sie kam ans Bett, stellte eine Sauerstoffflasche auf den Wagen und schloss den Schlauch an, während ich die BiPAP-Maske abnahm und mir die Nasenstöpsel in die Nase steckte. Sie stellte die Flasche auf 1,5 Liter pro Minute – sechs Stunden, bis ich eine neue Flasche brauchte –, und dann stand ich auf. »Wie geht es dir?«, fragte sie.

»Gut«, sagte ich. »Super. Wie war es im Vondelpark?«

»Den habe ich ausfallen lassen«, erklärte sie. »Aber ich habe im Reiseführer alles darüber gelesen.«

»Mom«, sagte ich. »Du hättest nicht hierbleiben müssen.«

Sie zuckte die Schultern. »Ich weiß. Aber ich wollte hierbleiben. Ich sehe dir gern beim Schlafen zu.«

»Sagte die Würgeschlange.« Sie lachte, aber ich hatte trotzdem ein schlechtes Gewissen. »Ich möchte, dass du dich amüsierst, okay?«

»Na gut. Heute Abend mache ich was Schönes, ja? Lauter verrückte Muttersachen, während du mit Augustus essen gehst.«

»Ohne dich?«, fragte ich.

»Ja, ohne mich. In einem Restaurant namens Oranjee ist nämlich ein Tisch für euch reserviert«, sagte sie. »Mr Van Houtens Assistentin hat es organisiert. Das Viertel heißt Jordan. Ziemlich schick, steht im Führer. Es gibt eine Straßenbahnstation direkt um die Ecke, und Augustus hat die Wegbeschreibung. Ihr könnt auf der Terrasse essen und die Boote vorbeifahren sehen. Es wird bestimmt schön. Sehr romantisch.«

»Mom.«

»Ich meine ja nur«, sagte sie. »Du solltest dich anziehen. Das Kleid vielleicht?«

Aber auch das war eine Nebenwirkung des Sterbens: Ich durfte zwar nicht rennen oder tanzen oder Sachen mit hohem Stickstoffgehalt essen, aber in der Stadt der Freiheit gehörte ich zu den Freiesten von allen.

Man könnte sich wundern über die verdrehte Welt: Eine Mutter schickt ihre sechzehnjährige Tochter allein mit einem siebzehnjährigen Kerl in eine fremde Stadt hinaus, die berühmt für ihre lockere Moral ist. Aber auch das war eine Nebenwirkung des Sterbens: Ich durfte zwar nicht rennen oder tanzen oder Sachen mit hohem Stickstoffgehalt essen, aber in der Stadt der Freiheit gehörte ich zu den Freiesten von allen.

Und so zog ich das Kleid an – ein knielanges, blau gemustertes, fließendes Teil von Forever 21 – und dazu Strumpfhosen und Ballerinas, weil ich es schön fand, dass ich viel kleiner war als er. Ich verschwand in unserem unglaublich winzigen Bad und striegelte meine Bettfrisur so lange, bis ich einigermaßen nach Natalie Portman des frühen 21. Jahrhunderts aussah. Punkt 18:00 Uhr (mittags zu Hause) klopfte es.

»Hallo?«, fragte ich durch die Tür. Im Hotel Filosoof gab es keinen Türspion.

»Okay«, antwortete Augustus. Ich hörte, dass er eine Zigarette im Mund hatte. Dann sah ich an mir herunter. Mein Dekolleté zeigte mehr Schlüsselbein und Ausschnitt, als Augustus bis jetzt zu sehen bekommen hatte. Es war nicht direkt aufreizend oder so, aber für mich war es ziemlich viel Haut. (Meine Mutter hatte ein Motto, dem ich mich anschloss: »Die Lancasters zeigen keinen Bauch.«)

Ich öffnete die Tür. Augustus trug einen maßgeschneiderten schwarzen Anzug mit schmalem Revers und darunter ein hellblaues Hemd und eine schmale schwarze Krawatte. Im nichtlächelnden Winkel seines Mundes hing eine Zigarette. »Hazel Grace«, sagte er, »du siehst umwerfend aus.«

»Ich …«, begann ich. Ich hatte gehofft, der Rest des Satzes würde mit der Luft, die durch meine Stimmbänder rauschte, herauskommen, aber nichts passierte. Dann endlich brachte ich raus: »Ich glaube, ich bin nicht schick genug.«

»Ach, du meinst das alte Ding hier?« Er grinste zu mir herunter.

»Augustus«, sagte meine Mutter, die hinter mir stand, »du siehst blendend aus.«

»Danke, Ma'am«, erwiderte er. Er bot mir seinen Arm an. Ich nahm ihn und drehte mich zu meiner Mutter um.

»Wir sehen uns um elf«, sagte sie.

Als wir an einer breiten, verkehrsreichen Straße auf die Tram Nr. 1 warteten, sagte ich zu Augustus: »Der Anzug, den du auf Beerdigungen trägst, nehme ich an?«

»Ganz und gar nicht«, gab er zurück. »Mein anderer Anzug ist nicht annähernd so schön.«

Die blau-weiße Tram kam, und Augustus hielt dem Schaffner unsere Fahrkarten hin, der uns erklärte, dass wir sie vor einen kreisrunden Sensor halten mussten. Als wir durch den vollen Wagen gingen, stand ein alter Mann auf, um uns zusammensitzen zu lassen, und ich versuchte ihm zu sagen, dass er ruhig sitzen bleiben könne, doch er zeigte hartnäckig auf den Platz. Wir fuhren drei Stationen, ich über Gus gelehnt, um mir mit ihm alles anzusehen.

Augustus zeigte hinauf zu den Bäumen. »Siehst du das?«

Ich sah es. Die Kanäle waren von Ulmen gesäumt, die in voller Blüte standen, und ihre Samen schwebten durch die Luft. Doch sie sahen gar nicht aus wie Samen. Sie sahen aus wie winzige Rosenblätter, denen die Farbe entzogen worden war. Wie Vogelschwärme sammelten sich die blassen Blättchen im Wind – Abertausende davon, wie ein Schneesturm im Frühling.

Der alte Mann, der uns seinen Platz gegeben hatte, sah unseren Blick und erklärte auf Englisch: »Das ist der Amsterdamer Frühlingsschnee. Die *iepen* werfen Konfetti, um den Frühling zu begrüßen.«

Wir stiegen um, und nach vier weiteren Stationen erreichten wir eine Straße, die von einem wunderschönen Kanal geteilt wurde. Im Wasser schimmerten die Spiegelungen der uralten Brücke und der malerischen Häuser am Ufer.

Von der Tramstation waren es nur wenige Schritte zum Oranjee. Das Restaurant befand sich auf der einen Straßenseite; die Terrasse mit den Tischen auf der anderen, auf einem Betonvorsprung direkt über dem Kanal. Die Wirtin strahlte, als sie uns kommen sah. »Mr und Mrs Waters?«

»So ungefähr«, antwortete ich.

»Ihr Tisch.« Sie zeigte über die Straße auf einen kleinen Tisch, nur wenige Zentimeter vom Kanal entfernt. »Der Champagner ist ein Geschenk des Hauses.«

Gus und ich sahen einander an und lächelten. Als wir die Straße überquert hatten, zog er den Stuhl für mich zurück und half mir, ihn

Wir sahen zu, wie das Konfetti vom
Himmel fiel, im Wind über
den Boden schwebte und unter uns
in den Kanal rieselte. »Schwer
zu glauben, dass irgendwer das
lästig findet«, sagte Augustus
nach einer Weile.

wieder an den Tisch zu schieben. Auf dem mit einem weißen Tischtuch bedeckten Tisch standen tatsächlich zwei Champagnerflöten. Die noch kühle Luft wurde vom strahlenden Sonnenschein aufs Köstlichste temperiert; Radfahrer fuhren an uns vorbei – gut gekleidete Damen und Herren auf dem Heimweg von der Arbeit, umwerfend hübsche blonde Mädchen bei Freunden auf dem Gepäckträger, helmlose Kleinkinder, die auf Plastiksitzen hinter ihren Eltern herschaukelten. Und der Kanal auf der anderen Seite war von Millionen von Konfettisamen bedeckt. An der Ufermauer lagen kleine Boote, halb voll mit Regenwasser, manche schon fast gesunken. Ein Stück weiter sah ich Hausboote, die an Pontons festgemacht waren, und in der Mitte des Kanals tuckerte ein flaches, offenes Boot mit Liegestühlen und einer tragbaren Stereoanlage auf uns zu. Augustus nahm sein Champagnerglas. Ich griff nach meinem, auch wenn ich noch nie im Leben Alkohol getrunken hatte, bis auf einen Schluck von Dads Bier.

»Okay«, sagte er.

»Okay«, sagte ich, und wir stießen an. Ich trank einen Schluck. Die winzigen Blasen schmolzen in meinem Mund und wanderten nordwärts zu meinem Gehirn. Süß. Frisch. Prickelnd. »Schmeckt richtig gut«, sagte ich. »Ich habe noch nie Champagner getrunken.«

Ein stämmiger junger Kellner mit welligem Haar tauchte auf. Er wirkte noch größer als Augustus. »Wisst ihr«, fragte er uns mit hinreißendem Akzent, »was Dom Pérignon gesagt hat, als er den Champagner erfunden hatte?«

»Nein«, sagte ich.

»Er rief seinen Mönchskollegen zu: ›Kommt schnell her: Ich schmecke die Sterne.‹ Willkommen in Amsterdam. Möchtet ihr die Karte oder die Empfehlung der Küche?«

Ich sah Augustus an und er mich. »Die Empfehlung der Küche klingt wunderbar, aber Hazel ist Vegetarierin.« Was ich vor Augustus nur ein einziges Mal erwähnt hatte, an dem Tag, als wir uns kennenlernten.

»Kein Problem«, erklärte der Kellner.

»Toll. Und können wir noch mehr von der Brause haben?« Gus zeigte auf den Champagner.

»Natürlich«, sagte unser Kellner. »Heute Abend haben wir alle

Sterne in Flaschen abgefüllt, meine jungen Freunde. Ach, das Konfetti!«, seufzte er dann und fegte ein paar Samen von meiner nackten Schulter. »So schlimm war es seit Jahren nicht. Es ist überall. Ziemlich lästig.«

Der Kellner verschwand. Wir sahen zu, wie das Konfetti vom Himmel fiel, im Wind über den Boden schwebte und unter uns in den Kanal rieselte. »Schwer zu glauben, dass irgendwer das lästig findet«, sagte Augustus nach einer Weile.

»Die Menschen gewöhnen sich an Schönheit.«

»An deine Schönheit habe ich mich noch nicht gewöhnt«, sagte er lächelnd. Ich spürte, wie ich rot wurde. »Danke, dass du mit nach Amsterdam gekommen bist.«

»Danke, dass ich deinen Wunsch kidnappen durfte«, sagte ich.

»Danke, dass du dieses Kleid angezogen hast. Es ist echt wow«, sagte er. Ich schüttelte den Kopf und versuchte, ihn nicht anzustrahlen. Ich wollte keine Bombe sein. Andererseits wusste er, was er tat, oder? Es war auch seine Entscheidung. »Hey, wie hört das Gedicht auf?«, fragte er.

»Bitte?«

»Das Gedicht, das du im Flugzeug zitiert hast.«

»Ach, Prufrock? Das Ende ist: In Meergewölben haben wir verweilt / bei Seemädchen in roten, braunen Seetangkränzen / Bis Menschenlaut uns weckt und wir ertrinken.«

Augustus nahm eine Zigarette heraus und klopfte mit dem Filter auf den Tisch. »Ja, ja, der blöde Menschenlaut macht immer alles kaputt.«

Der Kellner kam mit zwei neuen Champagnergläsern und etwas, was er »Belgischer Spargel mit Lavendelinfusion« nannte.

»Ich habe auch noch nie Champagner getrunken«, sagte Gus, als der Kellner gegangen war. »Nur, falls du dich das gefragt hast oder so. Außerdem habe ich noch nie weißen Spargel gegessen.«

Ich hatte die erste Gabel schon im Mund. »Es schmeckt zauberhaft«, stellte ich fest.

Er nahm einen Bissen. »Mann, wenn Spargel immer so schmecken würde, wäre ich auch Vegetarier«, sagte Gus. Auf dem Kanal unter uns fuhr ein glänzendes Boot mit mehreren Passagieren vorbei. Eine Frau mit blonden Locken, um die dreißig vielleicht, mit einem Bier in der Hand, hob ihr Glas und rief uns etwas zu.

»Wir sprechen kein Niederländisch«, rief Gus zurück.

Einer der anderen rief die Übersetzung: »Das schöne Paar ist schön.«

Das Essen war so gut, dass unsere Lobpreisungen seiner Köstlichkeit mit jedem Gang hymnischer wurden. »Wäre dieser Drachenkarottenrisotto ein Mensch, würde ich mit ihm nach Las Vegas durchbrennen und ihn heiraten.« – »Gartenerbsensorbet, du bist so atemberaubend grandios.« Ich wünschte, ich hätte mehr Hunger gehabt.

Nach den grünen Knoblauch-Gnocchi mit roten Senfblättern verkündete der Kellner schließlich: »Als Nächstes kommt das Dessert. Mögt ihr zuerst noch ein paar Sterne?« Ich schüttelte den Kopf. Zwei Gläser waren genug für mich. Zwar war Champagner keine Ausnahme, was meine hohe Toleranz gegen Schmerz- und Beruhigungsmittel anging; mir war warm, aber ich war nicht beschwipst. Doch ich hatte nicht vor, mich zu betrinken. Abende wie diese waren rar gesät, und ich wollte mich an alles erinnern können.

John Green

DER WEG IST MEIN ZUHAUSE

ES FÜHLT SICH UNFASSBAR GEWALTIG AN, den ersten Schritt zu tun, und gleichzeitig vollkommen lächerlich. Nach kurzer Zeit bleibe ich wieder stehen und schaue auf meine Schuhe hinunter. Unter meinen Sohlen befindet sich der südlichste Punkt des europäischen Festlandes, die Punta de Tarifa, eine der gleichnamigen andalusischen Hafenstadt vorgelagerte Landspitze. Von hier aus will ich bis ans äußerste Ende Skandinaviens laufen, zum Nordkap, 6575 Kilometer quer durch Europa. Ganz schön verrückt!

Ich sehe mich um. Der Strand liegt so früh am Morgen noch völlig verlassen da. Ein paar Möwen kreisen über den Wellen und stoßen ab und zu einen schrillen Schrei aus. Ansonsten bin ich allein auf dem feuchten Streifen des anbrandenden Meeres. Immerhin, ein paar hundert Meter habe ich schon geschafft. Jeder Schritt zählt, auch wenn ich mir das im Augenblick nicht vorstellen kann.

Es ist der 4. Januar, und dennoch ist der Himmel beinahe sommerlich blau. Gegenüber, auf der anderen Seite der Straße von Gibraltar, zeichnet sich scharf die Gebirgskette des marokkanischen Ufers ab. Es ist nur sechzehn Kilometer von Europa entfernt, an der engsten Stelle etwas weiter östlich sogar nur vierzehn. Ich im warmen Sonnenschein mit Blick auf Afrika. Genau so hatte ich mir den Start meiner Tour erträumt.

Plötzlich scheint mir mein Vorhaben gar nicht mehr so furchteinflößend. Der Weg wird mein Zuhause sein, ein wunderschönes Zuhause. Das beweist der Platz, an dem ich gerade stehe, ganz eindeutig. Ich werde einfach von Augenblick zu Augenblick leben und versuchen, jeden einzelnen wertzuschätzen. Ganz gleich, ob Sonne oder Regen, ob Sturm oder Gewitter, Schnee oder Hagel. Ob Pfad oder Landstraße, ob Waldweg oder querfeldein. Ob Großstadt, Dorf oder mitten im Nirgendwo. Mein Ziel ist das Unterwegssein, das Ankommen geschieht mit jedem Schritt.

Ich möchte das, was der Weg mir bietet, mit allen Sinnen aufsaugen, ich möchte die Bäume rauschen hören, die Steine unter den Schuhen spüren, zusehen, wie die Wolken über die wechselnde Landschaft ziehen, so lange, bis es ganz oben am Nordkap nicht mehr weitergeht, weil Europa einfach zu Ende ist.

Übrigens ist dies nicht meine erste lange Tour. 2016 bin ich von Berlin ans Nordkap gewandert. Kaum war ich zurück, wollte ich auch schon wieder los. Wenn ich halb Europa schaffe, dann geht auch ganz Europa, dachte ich mir damals. Und erstaunlicherweise glaube ich das noch immer. Ein einzelner Mensch am Ufer der Straße von Gibraltar, der sich in den Kopf gesetzt hat, ans andere Ende des Kontinents zu wandern. Hoffentlich kann ich etwas von dieser größenwahnsinnigen Zuversicht in mir wachrufen, wenn es mal nicht so mühelos vorangeht. Eine winzige Dosis würde völlig ausreichen.

In Tarifa kaufe ich die ersten regionalen Orangen meines Lebens, frisch vom Baum – da kann keine deutsche Supermarktapfelsine mithalten. Nachdem ich fünf von den Dingern verdrückt habe, geht es weiter an der Küste entlang in Richtung Norden. Sandstrand, sumpfig-feuchte Wiesen und schattige Pinienhaine wechseln sich ab. Immer wieder staune ich über das frühlingshafte helle, warme Licht und das kräftige Grün der Pflanzen. Ein bisschen riecht es sogar nach Sommer. Ich wusste zwar, dass der Winter hier deutlich milder ist als in Berlin, doch mit einem solch großen Unterschied hatte ich nicht gerechnet.

Ich fühle mich absolut energiegeladen. Aber trotzdem, übernehmen sollte ich mich nicht. Schon gar nicht gleich am ersten Tag. Neun Kilometer müssen für heute genügen. Eigentlich müsste ich von der zweitägigen Anreise mit Bus und Bahn völlig erschöpft sein. Wahrscheinlich bin ich das auch und merke es nur nicht, weil mich die vielen neuen Eindrücke so sehr in Anspruch nehmen. Schließlich bin ich zum ersten Mal in meinem Leben in Spanien.

Dass hier ausschließlich Spanisch Weltsprache ist, habe ich schon vorhin am Busbahnhof festgestellt. Auch die Dame hinterm Tresen der Campingplatzrezeption schaut mich leicht irritiert und etwas belustigt an, als ich sie auf Englisch anrede.

»Americano?«, fragt sie.

»Alemania«, stottere ich.

Sie zückt ihr Handy, und wir kommunizieren mittels Online-Übersetzer. Da ich leider kein Spanisch spreche, werde ich mich für die nächsten zwei Monate wohl mit dieser Art der Verständigung anfreunden müssen.

Die Zeltwiese des Campingplatzes liegt nicht direkt unten am Wasser, sondern ein Stück den Berg hoch. Mit einem herrlichen Blick über die Straße von Gibraltar schlage ich zwischen bunten Blumen und Agaven mein Nachtlager auf. Der erste von 267 Schlafplätzen!

Ich rufe meinen Mann Martin an und erzähle ihm vom sommerlichen Winter in Andalusien. Dabei spüre ich Heimweh in mir wach werden. Wie war das eigentlich vor drei Jahren? Damals war ich fünf Monate unterwegs, und das Alleinsein wertzuschätzen und zu genießen ging leichter als erwartet. Ich hoffe, das wird auch diesmal so sein.

Ein warmer Wind weht mir um die Nase, Vogelgesang und das Rascheln grüner Blätter erfüllen die Luft. Ich entspanne mich. Heimweh ist normal. Es kommt und vergeht auch wieder. Heimweh gehört dazu.

Im Übrigen zwingt mich niemand, quer durch Europa zu wandern. Ich bin hier, weil ich mir das so ausgesucht habe, und ich gehe jeden Schritt, weil ich das möchte. Auf mich warten neun Monate absolute Freiheit, inklusive der Freiheit, meine Reise zu beenden, wo und wann immer ich will.

Ich laufe ans Ufer hinunter. Die Palmen auf der Terrasse einer Strandbar sind mit Lichterketten und leuchtenden Rentieren geschmückt. Wann wohl die erste Osterdekoration auftaucht? Wenn mein Plan aufgeht, dann irgendwo im Osten Frankreichs. Und zu Ostern selbst werde ich wieder in Deutschland sein. Das ist doch überschaubar, oder?

Die Sonne steht als leuchtender Feuerball knapp über dem Meer. Ihr goldenes Licht spiegelt sich auf dem Wasser. Ein strahlender Streifen reicht über die anbrandenden Wellen bis hin zu meinen Füßen. Über den Himmel zieht sich ein beeindruckendes Farbspektrum. Strahlendes Gelb, warmes Orange und immer dunkler werdende Blautöne gehen vollkommen nahtlos und harmonisch ineinander über. Nachdem die Sonne den Horizont berührt hat, ist sie innerhalb weniger Minuten verschwunden, und prompt gehen die Sterne auf.

So weit im Süden steht der Polarstern ziemlich tief, nur knapp über der dunklen Silhouette eines Pinienwäldchens. Doch mit jedem Tag, den ich unterwegs bin, wird er ein kleines bisschen höher klettern. Oder vielmehr ich werde das tun, Breitengrad für Breitengrad, immer weiter nach Norden, vom 36. bis hinauf zum 71. In neun Monaten, tief im arktischen Herbst, wenn ich dick eingepackt und trotzdem noch schlotternd im Fjäll stehe, während Nordlichtfetzen über den Himmel wabern und ich den Kopf weit in den Nacken legen muss, um den Polarstern zu sehen, will ich an diesen Augenblick zurückdenken.

Besonders lang sind zu dieser Jahreszeit die Tage selbst in Südspanien nicht. Gegen neun Uhr wird es hell, und um achtzehn Uhr sollte ich allerspätestens irgendwo das Zelt aufgestellt haben, sonst überrascht mich die Dunkelheit. Also nichts wie los!

Auf einer Schotterpiste gehe ich in engen Serpentinen den Berg hinter dem Campingplatz hinauf. Doch der Weg endet blind an einem Gehöft. Weit und breit ist keine Markierung mehr zu sehen. Stattdessen Stacheldraht und bellende Hunde.

Hätte ich mich bloß für die schmale Landstraße unten im Tal entschieden, geht es mir durch den Kopf. Doch so richtig ärgern kann ich mich nicht. Dafür ist der Ausblick von hier oben zurück auf die Straße von Gibraltar einfach viel zu schön. Die bewaldeten Hänge, das blaue Meer und dazwischen ein weißer Saum aus Sand.

Vor 5,5 Millionen Jahren waren Europa und Afrika miteinander verbunden und das Mittelmeer ein riesiger Salzsee. Damals hätte ich nicht nur nach Marokko hinüberschauen, sondern sogar hinüberlaufen können. Ich werfe einen letzten Blick auf das Atlasgebirge, dann laufe ich wieder hinunter und schlage die Landstraße ein. Schon bald ist die Küste hinter mir verschwunden. Wenn ich das nächste Mal am Meer stehe, wird es die Ostsee sein.

Zu Himmelfahrt möchte ich meine Eltern in unserem Sommerhaus in der Nähe von Schleswig besuchen, so der Plan. Ich stelle mir vor, wie ich die letzten Kilometer auf vertrauten Wegen bis dorthin laufe. Plattes Land, Wiesen, Acker, Kuhweiden und Windräder nehmen vor meinem inneren Auge Gestalt an. Ob ich es jemals so weit schaffe?

Plötzlich stehen zwei Esel vor mir. »Moin!«, sage ich ganz in Gedanken. Dabei heißt es hier: »Hola!« So viel Spanisch habe ich schon gelernt. Doch den Eseln ist egal, welche Sprache ich mit ihnen spreche. Sie schauen mich interessiert an und laufen auch nicht weg, als ich ein Foto von ihnen mache. Wer weiß, vielleicht freuen sie sich sogar über ein bisschen Abwechslung.

Esel sind nicht die einzigen Tiere auf dieser Straße. Mir begegnen Kühe, Pferde, Schafe, Ziegen und sogar Schweine. Weidezäune sind im südlichsten Zipfel Andalusiens offenbar nicht üblich und auch nicht nötig, denn ich sehe nur ein einziges Auto. Auf der Hügelkuppe vor mir taucht ein klappriger, museumsreifer Pritschenwagen auf. Am Steuer sitzt ein dürrer, alter Mann mit Schiebermütze auf dem Kopf und Zigarettenstummel im Mundwinkel. Er hebt im Vorbeifahren freundlich die Hand. Ich grüße zurück und bringe mein allererstes »Hola!« über die Lippen. Der Wagen verschwindet hinter der nächsten Ecke, das Motorengeräusch verhallt, und alles ist wieder still.

Ich erreiche den Naturpark »Los Alcornocales«. Das bedeutet »Die Korkeichenwälder«, und der Name ist Programm. Ein grünes Dickicht verschluckt mich, Sonnenstrahlen fallen durchs Blätterdach warm auf meine Haut, die Vögel singen, und die Welt duftet nach Frühling. Ich bin froh, dass mich die Wegmarkierungen diesmal nicht im Stich lassen, denn sonst hätte ich Angst, verloren zu gehen. Mit Einbruch der Dämmerung laufe ich noch immer unter Korkeichen. Also rolle ich meine Isomatte aus und lege mich einfach irgendwo dazwischen, ohne Zelt.

Ab und zu schrecke ich hoch, weil der Wald seltsame Geräusche macht, manchmal ist ein merkwürdig durchdringendes Schreien zu hören, und ein paar Mal gibt es ganz nah ein lautes Rascheln, als hüpfe etwas durchs Unterholz. Gegen Morgen schließlich legt sich eine kühle Schicht Tau über meinen Schlafsack, und ich bibbere unentwegt vor mich hin.

Als ich endlich aufstehe, fühle ich mich wie gerädert. Einfach so draußen unter Bäumen zu schlafen klingt romantischer, als es tatsächlich ist. Ja, es war schön, zwischen dem knotigen Geäst die Sterne funkeln zu sehen. Doch jetzt, während ich in meine vom Tau durchfeuchteten Wanderklamotten schlüpfe, wünsche ich mir nichts sehnlicher als ein Badezimmer und eine warme Dusche.

Ein grünes Dickicht verschluckt mich,
Sonnenstrahlen fallen durchs Blätterdach
warm auf meine Haut, die Vögel singen,
und die Welt duftet nach Frühling.

In fahlem Hellblau scheint ein wolkenloser Morgenhimmel durch die Zweige. Das wird ein sonniger Tag. Doch bis es so weit ist, muss ich noch ein bisschen frieren. Nicht mal ein heißer Kaffee ist drin, denn aus Gewichtsgründen bin ich ohne Kocher unterwegs. Den will ich erst bei meinen Eltern in Schleswig-Holstein ins Gepäck nehmen. In Süd- und Mitteleuropa werde ich wohl oft genug auf Möglichkeiten stoßen, mir etwas Warmes zu essen zu kaufen, anders als weiter nördlich im dünn besiedelten Skandinavien.

Zunächst bleibt der Weg wildromantisch: knorrige Korkeichen, die durch einen bärtig von den Zweigen herabhängenden Flechtenbewuchs nur noch verwunschener wirken. Hier und da plätschern Bäche über dick bemooste Steine in felsige Schluchten hinab. Dann höre ich immer lauter die Autobahn rauschen, die quer durch den Naturpark führt, und schließlich wandere ich direkt daran entlang. Auf der ehemaligen Landstraße kann man sehen, was passiert, wenn die Natur sich das Land zurückerobert. Die Baumwurzeln drücken den Asphalt an einigen Stellen so kräftig nach oben, dass kleine Steinhäufchen entstehen. Von beiden Seiten wuchert die Vegetation in Richtung Mittelstreifen, und streckenweise ist der Weg kaum mehr als einen Meter breit. In der Hoffnung, diese Nacht weniger zu frieren, würde ich gern das Zelt aufstellen. Fragt sich nur, wo, denn das Gebüsch beidseits der Straße ist eindeutig zu dicht.

Plötzlich wird es überraschend leise. Die Autobahn ist in einen etwa zwei Kilometer langen Tunnel abgetaucht. Alles, was von ihr übrig ist, ist ein sonnenbeschienener, dammartiger Hügel, auf dem hier und da ein paar Baumgrüppchen wachsen. Etwas Besseres hätte mir kaum passieren können. Ich baue das Zelt einfach mitten über dem Tunnel auf!

Die Aussicht ist herrlich und der Lärm wie weggezaubert. Stattdessen Korkeichenwälder, so weit das Auge reicht. Die Sonne geht unter, und wieder nimmt der Himmel die herrlichsten Farben an. Sichtbar höher steht der Nordstern noch nicht, aber immerhin trennen mich von Tarifa schon gut sechzig Kilometer. Knapp ein Prozent der Gesamtstrecke.

Alcalá de los Gazules ist eines der sogenannten Weißen Dörfer, die zu den bekanntesten Sehenswürdigkeiten Andalusiens gehören. Wie ein Häubchen Schnee zieren die Häuser einen weithin sichtbaren Hügel. Die Gassen des Städtchens sind verwinkelt, hier und da wachsen Orangenbäume, und immer wieder stößt man auf verschwiegene Plätze mit Cafés, Bars und kleinen Kirchen.

Ich schlendere ein bisschen umher, doch allzu viel Zeit habe ich nicht. Der Campingplatz liegt vier Kilometer außerhalb, und da will ich heute noch hin. Zwar werde ich die Strecke morgen wieder zurücklaufen müssen, was eigentlich ein bisschen unökonomisch ist, doch was tut man nicht alles für eine warme Dusche.

Hätte ich vorher gewusst, wie teuer die Übernachtung ist, dann hätte ich mich vielleicht anders entschieden: zwanzig Euro für zwei Personen und ein Auto. Ich versuche zu erklären, dass ich bloß eine Person ohne Auto bin. Da könne sie nichts machen, das sei ein Standardpreis, teilt mir die Dame an der Rezeption etwas schnippisch mit und mustert mich misstrauisch. Na gut, bevor ich weggeschickt werde, beiße ich lieber in den sauren Apfel.

Auf dem verlassen wirkenden Gelände stehen ein paar heruntergekommene Wohnwagen-Vorzelt-Arrangements herum. Das Wasser im Pool schimmert moosig grün und lädt nicht gerade zum Baden ein. Der auf der Homepage angekündigte Lebensmittelladen entpuppt sich als Süßigkeitenautomat, und die Duschen sind kalt. Aber was soll's, sauber werde ich trotzdem und satt ebenfalls, wenn auch nicht auf die gesündeste Art und Weise.

Jetzt steht einer erholsamen Nacht nichts mehr im Wege, denke ich mir etwas vorschnell. Als ich zum Zähneputzen noch mal aus dem Zelt krieche, kommt mir etwas Felliges entgegengesprungen. Im ersten Augenblick erschrecke ich, weil ich im Dunkeln nicht genau erkenne, worum es sich handelt, doch dann wird mir klar, dass es eigentlich nur ein Hund sein kann, und offenbar ein freundlicher, denn sonst hätte er mich wohl schon gebissen, statt an meinem Gesicht und meinen Händen herumzulecken. Er scheint unbedingt ins Zelt zu wollen, doch da möchte ich ihn auf keinen Fall haben. Zum Glück ist er nicht besonders groß, und so gelingt es mir, ihn wegzuschubsen und den Reißverschluss zuzuziehen.

Als ich zurückkomme, steht mein neuer Freund schon wieder schwanzwedelnd vor mir. Im schwachen Licht der Laternen erkenne ich einen braungrauen Münsterländermischling, kein Welpe mehr, aber auch noch nicht ausgewachsen. Er startet einen erneuten Versuch, mit ins Zelt zu schlüpfen. Ich versuche es mit gutmütigem Zureden, aber keine Chance. Schließlich schreie ich ihn an, so laut, dass in der Ferne ein paar andere Hunde anschlagen. Das funktioniert. Er zieht ab. Doch wenig später höre ich es dicht neben meinem Ohr rascheln und schnaufen. Na gut, dann schlaf halt hier, aber bitte vorm Zelt.

Am nächsten Morgen liegt er immer noch da. Eingerollt und vorsichtig mit dem Schwanz wedelnd blinzelt er mit noch halb verschlafenen Augen ins Sonnenlicht und schaut mich treuherzig an. Jetzt tut es mir leid, dass ich ihn gestern so angebrüllt habe.

Während ich zusammenpacke, weicht er mir nicht von der Seite, und als ich loslaufe, schließt er sich mir an. Anfangs gehe ich noch davon aus, dass er irgendwann umdreht, doch die Kilometer vergehen, und kurz vor Alcalá de los Gazules ist er immer noch da. Zwanzig Euro für die Nacht und den Hund noch gratis obendrauf, ein echtes Schnäppchen!

Für eine Weile überlege ich tatsächlich, ob ich ihn nicht einfach behalten soll. Ich habe ihm sogar schon einen Namen gegeben: Rasmus. Sehr spanisch ist das nicht, aber die Art, wie er mir zugelaufen ist, erinnert mich an Astrid Lindgrens Geschichte von Rasmus und dem Landstreicher. Doch was würde ein Hund auf dieser Wanderung bedeuten? Ich hätte Verantwortung nicht nur für mich, sondern für ein weiteres Lebewesen. Ich müsste Futter für ihn tragen, müsste dafür sorgen, dass er immer genug Wasser hat, müsste Pause machen, wenn er müde wird.

Und das ist noch nicht alles: Ich plane, auf dieser Reise sieben verschiedene Länder zu durchqueren, und habe keine Ahnung, unter welchen Bedingungen ich mit Rasmus einreisen dürfte. Auch mit der einen oder anderen Übernachtung könnte es schwierig werden, denn bestimmt sind Hunde nicht überall erlaubt.

Während ich so nachdenke, kommt uns ein wolliger Pudelmischling entgegen. Rasmus läuft freundlich wedelnd auf ihn zu. Habe ich jetzt zwei Hunde? Der neue schnuppert interessiert an meinem Hosenbein. Ich überlege, wie ich ihn nennen könnte – Oliver, Tom, Harry? Die Weltliteratur wimmelt nur so von Waisenkindern. Ich hocke mich auf den Boden und streichle die beiden. Zwei Hunde, nein, das geht nicht, das geht auf gar keinen Fall!

Der Pudelmix sieht mich an, als könnte er Gedanken lesen. Dann steht er auf, stupst Rasmus in die Seite, und die beiden trotten in Richtung Campingplatz davon. Nach ein paar Schritten drehen sie sich noch einmal um und schauen mich an, fast, als würden sie mir freundlich zunicken. Ich winke und wende mich zum Gehen. Bestimmt ist es besser so. Aber trotzdem muss ich ein bisschen mit den Tränen kämpfen.

Hinter Alcalá de los Gazules verändert sich die Landschaft: weniger Wald und mehr Ackerbau. Die Felder sind durchweg eingezäunt, die Landstraße ist eine schmale Schneise zwischen Stacheldraht. An jedem Bauernhof und in jedem Dorf bellen die Hunde. Sie bauen sich vor mir auf, manchmal fünf oder sechs auf einmal. Mit gesträubtem Fell knurren sie mich an und folgen mir ein paar Schritte, die Schnauze dicht an meinem Hosenbein. Besitzer, die das kümmern könnte, sind nirgendwo zu sehen. Es ist das reinste Spießrutenlaufen. Kaum habe ich den Zuständigkeitsbereich der einen Truppe hinter mir, fängt vor mir die nächste Einheit zu kläffen an. Vielleicht ganz gut, dass Rasmus nicht auch noch dabei ist.

Zwischen so vielen übereifrigen Aufpassern gestaltet sich die Schlafplatzsuche schwierig. Den nächsten größeren Ort namens San José del Valle wollte ich eigentlich erst morgen früh erreichen, doch notgedrungen laufe ich einfach immer weiter und stehe irgendwann mitten im Stadtzentrum. Ich könnte nach einem Hotel Ausschau halten, doch der Campingplatz gestern hat meine Reisekasse schon ziemlich belastet.

6000 Euro habe ich für meine Tour gespart. 800 Euro sind bereits für die Ausrüstung und die Anreise nach Tarifa draufgegangen. 700 Euro brauche ich für die Fahrt vom Nordkap zurück nach Berlin und für den Fall, dass unterwegs neues Equipment fällig wird. Bleiben noch 4500 Euro übrig – 500 Euro pro Monat.

Ein junger Mann mit langen Haaren lädt gerade kistenweise Orangen in einen Kleintransporter. Er wirkt ein bisschen hippiemäßig und sieht irgendwie aus, als ob er nicht nur Spanisch spricht. Ich laufe auf ihn zu. Ein bisschen rutscht mir das Herz in die Hose bei dem Gedanken, einen wildfremden Menschen um Hilfe zu bitten. Doch ich nehme allen Mut zusammen. Er hat mich sowieso längst entdeckt und schaut mich neugierig an.

Bingo! Er kann Englisch, und plötzlich fällt es mir gar nicht mehr so schwer, mein Anliegen vorzutragen. Und noch mal bingo! Der Typ ist Fußballtrainer und bietet mir die Turnhalle samt warmer Dusche als Nachtquartier an. Nachdem ich ihm geholfen habe, seinen Wagen zu beladen, fährt er mich dorthin und schenkt mir zum Abschied auch noch eine große Tüte Orangen.

Beim Abendessen sitze ich gemütlich an einen Gymnastikball gelehnt auf einer weichen Turnmatte im Geräteraum. Besser geht's nicht! Ich darf hier sein, weil ein Mensch nett zu mir war. Das ist viel schöner, als irgendwo gegen Geld für eine Nacht geduldet zu werden.

Am nächsten Morgen laufe ich genau zu der Stelle zurück, wo ich gestern ins Auto gestiegen bin. Ich will nicht schummeln, nicht einen Kilometer. Sollte ich es tatsächlich bis ans Nordkap schaffen, dann möchte ich wirklich jeden Schritt des Weges gelaufen sein.

In einem kleinen Tante-Emma-Laden versorge ich mich mit neuem Proviant. Ein Supermarkt mit kommunikationsfreier Selbstbedienung hätte den Einkauf erleichtert, doch leider finde ich keinen. Zum Glück ist der Verkäufer hinterm Tresen sehr freundlich und geduldig. Mit Händen und Füßen gelingt es mir, alles zu bekommen, was ich brauche, und ich lerne sogar ein paar neue Wörter: queso, pan und chocolate – Käse, Brot und Schokolade.

Am Stausee Guadalcacín mache ich eine ausgedehnte Rast. Das Wasser glitzert im Sonnenschein und die Berge am gegenüberliegenden Ufer spiegeln sich auf der blanken Oberfläche. Der riesige See scheint das Blau des Himmels aufzufangen und auf die gesamte Umgebung zu verteilen, sodass alles in einem weichen, azurfarbenen Licht erscheint. Ich genieße die Sonne und stelle fest, dass ich sogar schon ein bisschen braun geworden bin – und das im Januar.

Nachmittags gelange ich nach Arcos de la Frontera. Die weiß getünchten Häuser mit der Basilika in der Mitte liegen weithin sichtbar über dem Tal des Guadalete. Über Jahrhunderte hinweg befand sich die Stadt im Grenzgebiet zwischen Christen und Mauren, daher der Name: »Frontera« bedeutet Grenze. Ich schlendere durch ein Gewirr aus von Stützbögen überspannten engen Gassen. Orientalische trifft auf europäische Architektur, und zwischen den Häusern tun sich spektakuläre Blicke auf.

Wieder frage ich mich, ob ich mir ein Hotel suchen soll, doch dann laufe ich einfach den Hügel hinab in die Dämmerung hinein und verbringe die Nacht ein Stück nördlich der Stadt im Straßengraben zwischen Leitplanke und Stacheldrahtzaun. Unterm Sternenhimmel ist es überall schön. Ich sehe drei Sternschnuppen, und als ich überlege, was ich mir wünschen soll, muss ich feststellen, dass ich wunschlos glücklich bin.

Philipp Fuge

Die Kunst, richtig zu reisen

Entwirf deinen Reiseplan im Großen – und lass dich im Einzelnen von der bunten Stunde treiben.
Die größte Sehenswürdigkeit, die es gibt, ist die Welt – sieh sie dir an.
Niemand hat heute ein so vollkommenes Weltbild, dass er alles verstehen und würdigen kann. Hab den Mut zu sagen, dass du von einer Sache nichts verstehst.
Nimm die kleinen Schwierigkeiten der Reise nicht so wichtig; bleibst du einmal auf einer Zwischenstation sitzen, dann freu dich, dass du am Leben bist, sieh dir die Hühner an und die ernsthaften Ziegen, und mach einen kleinen Schwatz mit dem Mann im Zigarrenladen.
Entspanne dich. Lass das Steuer los. Trudele durch die Welt. Sie ist so schön: Gib dich ihr hin, und sie wird sich dir geben.

Kurt Tucholsky

... bleibst du einmal auf einer Zwischen-
station sitzen, dann freu dich,
dass du am Leben bist, sieh dir die Hühner
an und die ernsthaften Ziegen,
und mach einen kleinen Schwatz mit
dem Mann im Zigarrenladen.

WUNDERLAND WÜSTE

Mit *A Dream & A Truck* erfüllen wir, Win und Petra, uns einen persönlichen Lebenstraum. Wir unternehmen eine Weltreise, um die Schönheit unseres Planeten zu erleben. Für so eine Weltreise ist Eile nicht angesagt und deshalb lassen wir uns viel Zeit. Die genaue Reiseroute mit dem Truck haben wir nicht festgelegt, vielmehr genießen wir es, intuitiv unseren Weg zu finden. Das ist sehr spannend, manchmal etwas abenteuerlich und in jedem Fall reich an Erfahrungen.
Nicht immer läuft auf so einer Weltreise alles nach Plan, dann ist unsere Flexibilität gefragt. Gelegentlich bedeutet das eine große Herausforderung, sich den Umständen anzupassen und die Dinge so zu nehmen, wie sie sind. Dann heißt es tief Luft holen und schön locker bleiben, damit wir einen neuen Weg oder eine Lösung finden können. Wir drücken uns ganz gerne selbst die Daumen, hoffen, dass es unserem Truck gut geht und auch wir immer gut drauf sind. Voller Neugier bestaunen wir die Welt und freuen uns über die schönen Erlebnisse, die uns erwarten. Wenn du Spaß am Lesen unseres Blogs hast, dann finden wir das ganz besonders toll. Danke.

https://adreamandatruck.com

FREITAG, 3. MÄRZ 2017 | MAROKKO – FÈS-MEKNÈS, FÈS | WIN & PETRA

Marokkos Meer aus Stein und Sand

Nach den herrlichen Wochen an der Küste zieht es uns nun weiter in das Landesinnere des nordafrikanischen Königreichs. Von Guelmim aus fahren wir entlang des Antiatlas-Gebirges in zwei Tagen etwa 420 Kilometer östlich bis nach Foum Zguid. Die Wüste ist unser Ziel.

Nachts bei der Polizei

In Tarhjijt legen wir einen Übernachtungsstopp ein, weil wir am nächsten Tag noch einen kurzen Abstecher ins nahe gelegene Amtoudi-Tal machen wollen. Dort soll es zwei besonders interessante Speicherburgen geben.
Es wird schon dunkel, als wir in Tarhjijt eintreffen, und wir haben noch keinen Übernachtungsplatz. Das ist die Gelegenheit für uns, einmal zu testen, ob wir bei der örtlichen Polizeistation über Nacht stehen dürfen. In unseren Reiseführern haben wir immer wieder davon gelesen. Und tatsächlich, wir werden freundlich mit Handschlag begrüßt und eingeladen, direkt neben dem Gebäude auf dem Seitenstreifen zu stehen. Die Polizei, dein Freund und Helfer.
Am nächsten Tag wuppen wir den Abstecher ins Amtoudi-Tal und die restlichen 340 Kilometer bis Foum Zguid in einem Rutsch. Die gut ausgebauten Regionalstraßen sind fast leer. Das lässt uns Zeit zum Staunen. Denn vor uns tun sich immer wieder völlig unterschiedliche Felslandschaften auf. Mutter Erde war damals zur Entstehungszeit dieser Gesteinsmassen ausgesprochen kreativ.
Die kleine Oasenstadt Foum Zguid ist der erneute Treffpunkt für das Feuerwehrteam und uns. Von dort werden wir nämlich unser nächstes gemeinsames Abenteuer starten: eine Offroad-Tour zum Erg Chegaga, der größten Sandwüste Marokkos.

Die Wüste lebt

Freudig aufgeregt und mit ausreichend Wasser an Bord starten wir unsere mehrtägige Wüsten-Expedition. Wir holpern Kilometer um Kilometer auf steinigen Pisten vorbei an mächtigen Felsmassiven, die mit dem Sonnenstand auch ihr Aussehen immerfort verändern. Mal dunkelbraun, mal leuchtend rot bis violett. Die endlosen Steinfelder um uns herum schimmern sandig braun, dunkelgrau und sogar blau. Stein, so weit das Auge reicht, hier und da ein harter, stacheliger Strauch oder ein paar einsame Gräser. Einsamkeit bis zum Horizont – so scheint es zumindest.
Zu vorgerückter Stunde stellen wir unsere Fahrzeuge direkt neben der Piste ab. Stille. Ein Vögelchen zwitschert. Stille. Aus der Ferne dringt das Brummen eines Motors an unsere Ohren. Ein paar Minuten später nähert sich das Auto. Sein Fahrer hält an, begrüßt uns mit

einem freundlichen »Labas?« (Geht's gut?) und einem Handschlag. Ob er auf dem richtigen Weg nach Foum Zguid sei, möchte er wissen und setzt kurz darauf seine Holperpartie fort. Noch etwa 15 Kilometer liegen vor ihm und es ist schon dunkel.
Zu viert genießen wir den stillen Abend in der steinigen Wüste. Wir plaudern miteinander und beobachten weit entfernt in der Dunkelheit ein kleines Licht. Kommt da jemand auf uns zu? Es scheint ein Lagerfeuer und auch eine Stirnlampe zu sein. Heute Nacht werden wir wohl nicht mehr erfahren, was sich da vor den Bergen abspielt. Aber schon am nächsten Morgen bringt der Blick durch das Fernglas Klarheit. Es ist ein Nomade, der mit seiner Dromedarherde dort ruht und nun in aller Frühe seinen Weg weitergeht.
Mir scheint, als würde ich irgendwo von weit her Stimmen hören. Ich lausche angestrengt. Es klingt wie ein fröhliches Plappern. Bekommen wir etwa Besuch? Bald tauchen tatsächlich Kinder in Begleitung eines jungen Mädchens vor uns auf. Sie sind auf dem Weg zur Schule. Nach Foum Zguid, zu Fuß. Wir haben keine Ahnung, wie lange die fünf schon unterwegs sind, denn wir sehen später bei unserer Weiterfahrt weder ein Haus noch ein Zelt. Wir wissen nur, dass sie noch 15 Kilometer bis zu ihrer Schule gehen müssen.
Susanne kramt in ihrer Spendenkiste nach ein paar Schuhen, die einem der Mädchen passen dürften. Ein paar Minuten später verabschieden sich die Kinder und marschieren weiter, mit neuen Stiften für die Schule und einem Paar neuer Sneakers.
Noch lange schauen wir ihnen nach und sind schlichtweg verblüfft über den weiten Schulweg dieser Kinder.

Sanfte Sandwellen

»Genau so hatte ich mir unsere Reise in meiner Fantasie immer ausgemalt. Endlose Weite und frei in grandioser Landschaft stehen. Alleine unterwegs zu sein, nichts zu brauchen, weil wir das Notwendige dabeihaben. Weit und breit kein Mensch.« Win ist nicht der Einzige unter uns, der so ins Schwärmen gerät, als wir nach vielen Kilometern Pistenfahrt am nächsten Nachmittag Erg Chegaga erreichen.
Ich schmelze förmlich dahin beim Anblick der weich geschwungenen Sanddünen, die sich mit klaren Konturen gegen den strahlend blauen Himmel abheben. Ein Bild für Götter und wir mittendrin.

ICH SCHMELZE FÖRMLICH
DAHIN BEIM ANBLICK
DER WEICH GESCHWUNGENEN
SANDDÜNEN, DIE SICH
MIT KLAREN KONTUREN GEGEN
DEN STRAHLEND BLAUEN
HIMMEL ABHEBEN. EIN BILD
FÜR GÖTTER UND WIR
MITTENDRIN.

Mit der Enduro entschwindet Win für einige Zeit in die Steinwüste und genießt das faszinierende Nichts, das zugleich so unfassbar viel ist. Große Glücksmomente!
Noch mehr Glücksmomente beschert den Jungs das Offroad-Fahren über kleinere und größere Sanddünen. Hier wird getestet, was Fahrzeug und Fahrer so draufhaben. Susanne und ich halten die spektakulären Manöver für die Ewigkeit in Bildern fest.
Nicht in Bildern festhalten können wir dagegen die Fata Morgana, der wir auf unserer Fahrt zum Erg (bedeutet Sand) erliegen. Wir sind uns sicher, vor uns den großen Iriki-See zu haben. Deutlich sehen wir die Wasseroberfläche glitzern und können sogar Schilf und Menschen in der Ferne ausmachen. Alles leider nur luftgespiegelte Einbildung.

Als wir zwei Tage später weiterwollen und unser Equipment einpacken, macht Adlerauge Susanne im Fach unserer Kabinenbatterien eine dramatische Entdeckung. Die Konsole, die die vier jeweils 75 Kilogramm schweren Batterien sicher in Position halten soll, ist gebrochen. Noch dazu an mehreren Stellen. Die Edelstahlkonstruktion hat offenbar der Belastung beim Pisten- und Dünenfahren nicht standgehalten.
Zum Glück weiß auch dieses Mal unser persönlicher Bordingenieur Stefan Rat. Die beiden oberen Batterien werden ausgebaut und hinten auf dem Motorradträger sicher befestigt. So kann auf den langen Kilometern, die noch vor uns liegen, nichts weiter kaputtgehen, vor allem nicht die Batterien. Und die beiden übrigen Batterien liefern uns weiterhin den gewünschten Strom. Passt!

Abbas und die Oase

Auf geht's zu unserem nächsten Etappenziel, in die Oase Sacrée. Dort lernen wir den Einsiedler Abbas kennen. Er lebt alleine hier mit einer Ziegenherde, betreibt eine Art Wüstencamp und bewirtschaftet einen großen Gemüsegarten, natürlich alles voll Bio (abgesehen von den Zigaretten). Er ist wohl Arzt und hat jahrelang in der Schweiz gelebt. Er spricht abwechselnd Deutsch, Englisch, Französisch und lädt uns nach Berberart zum Tee ein. So richtig schlau werden wir nicht aus ihm und seinen Diskussionen, die er mit Susanne führt.
Die Oase Sacrée und Abbas werden uns unvergesslich bleiben.

Am Ende unserer Wüstentour wollen wir uns in M'Hamid vom Dorfschreiner ein funktionierendes Provisorium für unsere Batteriekonsole schnitzen lassen. Zwei junge Männer aus dem Dorf sind uns behilflich und führen uns zur Schreinerei. Die erste hat zwar das Holz, aber nicht die Maschine zum exakten Zuschneiden. Die zweite Schreinerei wiederum hat die Maschine, aber der, der sie bedienen kann, ist für zwei Tage verreist. Also dann doch zum hiesigen Dorfschmied. Unter Stefans Regie verschweißt und verstärkt er die bestehende Konsole ordentlich. Noch am selben Abend ist innerhalb von zwei Stunden zum Glück alles wieder repariert. Alle Beteiligten sind mit dem Ergebnis äußerst zufrieden.

Feuer gefangen

Wir haben uns in die Wüste verliebt. Sie lässt uns nicht mehr los. Schon eine Woche später entscheiden Win und ich uns, auch noch Erg Chebbi zu besuchen. Dieses Mal werden wir alleine für mehrere Tage unterwegs sein, Susanne und Stefan haben andere Pläne.

Von der Oase Source Bleue in Meski nehmen wir die Nationalstraße N10 nach Boudnib. Etwas außerhalb des Ortes führt die Piste durch eine Steinwüste unweit der algerischen Grenze nach Arfoud. Unser Freund Mohammad vom Campingplatz in der Oase Source Bleue hat uns den Tipp für die etwa 95 Kilometer lange Route gegeben. Er muss es wissen, denn er begleitet häufig Touren durch die Wüste. Bei Arfoud wählen wir schließlich die nächste Piste, um Erg Chebbi über die Ostroute zu umrunden. Wir genießen herrliche Sonnentage in den Dünen. Mit 24-28 Grad tagsüber und etwa 12 Grad in der Nacht ist es angenehm warm. Es ist windstill und alles um uns wirkt so friedlich. Wir fühlen uns so unbeschreiblich leicht und frei.

Wüste ist wunderbar!

Petra von A Dream & A Truck

Jenseits von Afrika

ICH HATTE EINE FARM in Afrika am Fuße der Ngongberge. Hundert Meilen nördlicher lief der Äquator durchs Hochland, aber die Farm lag in einer Höhe von über zweitausend Metern. Da spürt man tagsüber die Höhe, die Nähe der Sonne, aber die Morgenfrühe und die Abende sind klar und friedvoll, und die Nächte sind kalt.

Die geografische Lage und die Höhe haben vereint eine Landschaft geschaffen, die in der ganzen Welt nicht ihresgleichen hat. Nirgends ist etwas Üppiges oder Überschwängliches; es ist, als wäre Afrika hier gleichsam durch zweitausend Meter emporgeläutert zu einer starken und klaren Essenz seines Wesens. Die Farben sind trocken und glasiert wie Farben irdener Geschirre. Die Bäume haben ein lichtes zartes Laubwerk, und ihre Form ist anders als die europäischer Bäume, sie bilden keine Kronen und Kuppeln, sondern waagrechte Schichten. Vereinzelte hohe Bäume bekommen dadurch eine Ähnlichkeit mit Palmen, sie haben etwas Heroisches und Romantisches wie Schiffe mit vollen Segeln, und ein Waldrand wirkt seltsam: Der ganze Wald scheint leicht zu schwingen. Aus dem Gras der großen Ebenen ragen verstreut die krummen, kahlen alten Dornbäume, und das Gras riecht würzig nach Thymian und Sumpfmyrte; an manchen Stellen ist der Duft so stark, dass er die Nase beizt. Alle Blumen auf den Hochebenen oder an den Schlinggewächsen und Lianen im Urwald sind gewissermaßen Verkleinerungen wie Blumen auf den Dünen; nur zu Beginn der Regenzeit sprießen große fleischige, schwer duftende Lilien auf den Hochebenen empor. Die Ausblicke sind unendlich weit. Alles, was man sieht, atmet Größe und Freiheit und unvergleichliche Vornehmheit.

Das wesentliche Element der Landschaft und des Lebens in ihr ist die Luft. Wer auf einen Aufenthalt im afrikanischen Hochland zurückblickt, den überkommt das Gefühl, er habe eine Zeit lang hoch in der Luft gelebt. Der Himmel ist selten mehr als blassblau oder violett, und mächtige, aller Schwere bare, immerfort sich wandelnde Wolken türmen sich allenthalben und segeln an ihm dahin; aber die Bläue hat etwas Leuchtendes und färbt die Umrisse der Berge und nahen Wälder mit frischem tiefem Blau. Um die Tagesmitte beginnt die Luft über dem Lande sich zu regen wie eine aufsteigende Flamme, sie flimmert, wogt und schimmert wie rieselndes Wasser, spiegelt und verdoppelt alle Gegenstände und schafft große Fata Morganen. Es atmet sich leicht in der hohen Luft, man saugt Lebensgewissheit und Unbeschwertheit der Seele in sich. IM HOCHLAND ERWACHT MAN IN DER FRÜHE UND WEISS: HIER BIN ICH, WO ICH SEIN SOLLTE.

Die Ngongberge ziehen sich als langer Kamm von Nordwesten nach Südosten und sind von vier stolzen Gipfeln gekrönt, die wie reglose dunklere blaue Wellen gegen den Himmel stehen. Sie erheben sich zweitausendsiebenhundert Meter über das Meer und im Osten siebenhundert Meter über das umliegende Land; im Westen ist der Absturz tiefer und steiler, da fallen die Berge senkrecht ab in das große Rifttal.

Der Wind weht im Hochland beständig aus Nordnordost. Es ist der gleiche Wind, den sie unten an den Küsten Afrikas und Arabiens den Monsun nennen, der Ostwind, König Salomons liebstes Ross. Hier oben spürt man ihn nur, als wär's der Widerstand der Luft, gegen den die Erde ostwärts durch den Raum rollt. Der Wind streicht gerade auf die Ngongberge zu, und an den Bergabhängen könnte man herrlich Drachen steigen lassen; der Luftstrom würde sie emporheben bis über die Berggipfel. Die Wolken, die mit dem Winde heranziehen, stoßen an die Hänge des Gebirges und umschweben es oder werden von dem Grat erfasst und lösen sich in Regen auf. Die aber, die höher fliegen und den Kamm nicht streifen, zergehen westlich von ihm über der glühenden Wüste des Rifttales. Viele Male habe ich aus meinem Hause diese mächtigen Züge heranschweben sehen und staunend betrachtet, wie die stolzen wogenden Massen, kaum dass sie die Berge überflogen hatten, in der blauen Luft zergingen und verschwanden.

Von der Farm aus sah man die Berge mehrmals am Tage ihr Aussehen verändern, zuweilen schienen sie ganz nahe und dann wieder weit, weit entfernt. Abends, wenn es dunkelte, sah es zuerst, wenn man nach ihnen hinschaute, aus, als würde am Himmel ein silberner Strich um die ganze Silhouette des dunklen Berges gezogen; dann, wenn es finster wurde, schienen die vier Gipfel flacher und weicher zu werden, als strecke und dehne sich das Gebirge.

Von den Ngongbergen hat man einen einzigartigen Blick; südwärts sieht man die weite Ebene der großen Jagdgründe, die sich bis zum Kilimandscharo erstrecken, im Osten und Norden das parkartige Gelände der Vorberge mit dem Walde dahinter und das wellige Gebiet des Kikujureservats, das sich hundert Meilen weit zum Kenia hinzieht – ein Mosaik kleiner rechteckiger Maisfelder, Bananenhaine und Wiesen, und hier und da den blauen Rauch aus einem Eingeborenendorf, das wie ein Grüppchen spitziger Maulwurfshaufen sichtbar wird. Im Westen aber, tief unten, liegt die dürre Mondlandschaft des afrikanischen Tieflandes. Die braune Wüste ist regellos gemustert mit kleinen Flecken von Dornengebüsch, die Windungen der Flussläufe sind von zackigen dunkelgrünen Zwickeln umsäumt: Das sind die Wälder der mächtigen breitästigen Mimosenbäume, mit Dornen wie Spieße; da gedeiht der Kaktus, da ist die Heimat der Giraffe und des Nashorns.

DAS BERGLAND SELBST IN SEINEM INNEREN IST UNERMESSLICH GROSS, MALERISCH UND WECHSELND, VOLLER SCHLUPFWINKEL, LANGER TÄLER, DICKICHTE, GRÜNER HÄNGE UND FELSIGER KLIPPEN. Hoch oben unter einem der Gipfel grünt sogar ein Bambushain. Quellen und Brunnen rieseln dort oben in den Bergen, ich habe an ihnen gelagert und gerastet.

Zu meiner Zeit hausten der Büffel, die Elenantilope und das Nashorn in den Ngongbergen, und mir hat es immer leidgetan, dass nicht das ganze Bergland in das Jagdschutzgebiet eingeschlossen war. Nur ein kleiner Teil davon war geschützt, die Zacke am südlichen Gipfel bezeichnete die Grenze. Wenn die Kolonie sich entfaltet und die Hauptstadt Nairobi eine große Stadt wird, könnten die Ngongberge einen unvergleichlich schönen Wildpark abgeben. Aber schon in den letzten Jahren, die ich dort war, zogen die jungen Leute aus

Nairobi mit ihren Motorrädern sonntags in die Berge und knallten ab, was sie zu Gesicht bekamen. Ich glaube, das Großwild wird aus dem Gebiet fort durch die Dornendickichte und Steinwüsten südwärts gewandert sein.

Oben auf den Bergen und auf den vier Gipfeln selbst war es bequem zu wandern; das Gras war kurz wie ein geschorener Rasen; hier und da sah das graue Gestein durch die Grasnarbe. Den Kamm entlang, die Gipfel auf und ab, lief, wie eine glatte Berg-und-Tal-Bahn, ein schmaler Wildwechsel. Eines Morgens, in der Zeit, als ich im Gebirge hauste, kam ich dort hinauf und ging den Wechsel entlang, da fand ich die frische Fährte und Losung eines Rudels von Antilopen. Die großen friedfertigen Tiere sind wohl gegen Sonnenaufgang in einer langen Kette den Kamm entlanggewandert, und man kann sich nicht vorstellen, dass sie zu einem anderen Zweck dort oben waren, als um tief hinab nach beiden Seiten ins weite Land zu schauen.

Tania Blixen

REISE DURCH PERSIEN

SONNABEND, 21. APRIL

Beim strahlenden Sonnenaufgang hört man das jauchzende Konzert der Schwalben, Spatzen und Lerchen. Ganz klar ist der Himmel, ganz klar liegt die weite Ferne da, in dem Dorf und in den Feldern herrscht eine paradiesische Ruhe. Man befindet sich hier fünfzehn- bis achtzehnhundert Meter über dem Meeresspiegel, in einer so reinen Luft, dass man sich wie durchflutet fühlt von neuem Leben und neuer Jugend. Und es ist wie ein Zauber, aufzuwachen und ins Freie zu gehen.

Über dem Lehmschuppen, wo unsere Maultiere mit unserem Vieh zusammengepfercht stehen, haben wir in dem einzigen hohen Zimmer geschlafen – natürlich auch zwischen Lehmwänden – und heute Morgen bieten uns die Dächer der Karawanserei, die wie eine Wiese mit Gras bewachsen sind, einen herrlichen Spazierplatz.

Auf den benachbarten Dächern, wo gleichfalls Gras wächst, haben Männer sich niedergeworfen, um zu dieser Stunde ihr erstes Tagesgebet zu sprechen [...]. Hinter den kleinen Häusern mit den dicken Mauern und spitzbogigen Türen sieht man weit in die ruhige, abgeschlossene Ebene hinein, man sieht die grüne Fläche des Getreides, in die einige blühende Mohnfelder ihre weißen Linien ziehen – und immer sieht man die Bergkette Irans, die in dem Maße, wie wir steigen, sich zu vergrößern, in den Himmel zu wachsen, stets neue Steinschichten vor uns aufzutürmen scheint.

Und es ist wie ein Zauber,
aufzuwachen und
ins Freie zu gehen.

Karawanen, die die ganze Nacht gereist sind, nähern sich, sie kommen von Schiras herab oder steigen wie wir von Bender-Bouchir auf. Das Geläute der Maultierglöckchen, das von verschiedenen Seiten ertönt, fällt in das Morgenständchen der Vögel ein. Die Hirten treiben die Herden schwarzer Ziegen dem Berge zu. [...]

Unter dem schönen goldenen Licht verlassen wir um die fünfte Stunde nachmittags das verzauberte Dorf, um auf die im Hintergrund gelegenen Berge zuzureiten. Wir durchschneiden die friedliche, ländliche Hochfläche, die von allen Seiten eingeschlossen erscheint.

In dem Augenblick, wo wir uns in die Schluchten begeben, um noch eine Stufe höher zu gelangen, geht die Sonne für uns unter, aber die uns umgebenden Gipfel leuchten weiter in seltsamem Rosa. Und dort, um den Eingang zu bewachen, ragt ein altes Kastell mit Mauern und Zinnen auf, und auf allen Türmen stehen Wächter in langen persischen Gewändern; es erinnert an irgendein Bild aus der Zeit der Kreuzzüge.

Weniger schroff als in den letzten Nächten ist diesmal der Hohlweg. Zwischen den mit Bäumen, Gras und Blumen bewachsenen Felswänden steigt unser Pfad weder zu steil noch gar zu gefährlich an.

Und so erreichen wir bald ohne große Schwierigkeiten eine ungeheure Hochfläche, deren Luft gesättigt ist von dem Duft des Heues. Bis jetzt waren wir dieser wirklichen Frische, die man hier einatmet, noch nicht begegnet, aber wir kennen sie daheim an schönen Maienabenden. Man sollte glauben, dass man sich auf diesem Weg, der seit unserem Aufbruch ununterbrochen ansteigt, in Riesenschritten dem Norden näherte. Wir reiten ganze vier Stunden durch diese Ebene, bevor wir die Etappe erreichen, und nach dem Chaos von Steinen, mit denen man sich die letzten Abende hat herumschlagen müssen, ist es jetzt eine Überraschung, bequeme Wege zu betreten, zwischen rosa blühendem Klee und Windhafer dahinzuwandeln. [...]

Von Zeit zu Zeit durchschneidet ein lustig fließendes Bächlein den unbestimmten Pfad, dem wir in dem hohen Gras zu folgen versuchen, dann hält man an, befreit die Pferde oder Maultiere von der Trense und lässt sie trinken.

Ungezählte Sterne stehen am Himmel, und überall fliegen die Leuchtkäferchen, von denen die Luft erfüllt ist, umher; so ähnlich sehen sie einem Funkenregen, dass man fast erstaunt ist, nicht das leise Knattern des Feuers zu hören.

Wir reiten in einer langen Reihe durch den weißen Mohn, dessen große Blumen uns streifen; es ist fast Mitternacht, da sehen wir ganz in der Ferne einige Lichter, später riesengroße, eingezäunte Gärten auftauchen, endlich haben wir Kazerun erreicht. Und wir begrüßen die ersten Pappeln, deren hohe Stämme sich weithin erkennbar von dem nächtlichen Himmel abheben, sie künden uns die wirklich gemäßigten Zonen an, in denen wir jetzt atmen dürfen.

Von nun an führen die Karawansereien den Namen Garten; und in diesen paradiesischen Gegenden des immer schönen Wetters sind es in der Tat Gärten, die man den Reisenden bietet, um sich dort auszuruhen.

Eine große, spitzbogige Pforte gewährt uns Einlass zu einem eingemauerten Gehölz, das für die Nacht unser Ruheplatz sein wird; es ist fast ein Wald, mit geraden Alleen aus blühenden Orangenbäumen, sofort berauscht uns der starke Duft. Im Vordergrund sitzen die Karawanenreisenden in Gruppen zerstreut auf den Teppichen und kochen über einem Reisigfeuer ihren Tee, und weit im Hintergrund verlieren sich die Alleen im Dunkel.

Pierre Loti

TSCHICK

40

BERLIN WÄRE JA ein bisschen weit weg, meinte sie, und wo wir denn jetzt hinmüssten. Ich erklärte ihr, dass wir hier auf Besuch bei unserer Tante wären und alles kein Problem – und das hätte ich besser nicht gesagt. Die Krankenschwester fragte mich zwar nicht, wo diese Tante wohnte, aber dafür schleppte sie mich sofort ins Schwesternzimmer und stellte mich vor ein Telefon. Tschick verkniff sich den Schmerz, wedelte mit den Krücken und rief, wir könnten eigentlich auch zu Fuß gehen, und die Krankenschwester sagte: »Probiert's halt erst mal. Oder wisst ihr die Nummer nicht?«

»Doch, klar«, sagte ich. Ich sah ein Telefonbuch auf dem Tisch liegen, das wollte ich nicht auch noch in die Hand gedrückt kriegen. Also wählte ich irgendeine Nummer, in der Hoffnung, dass niemand ranging. Vier Uhr nachts.

Ich hörte es tuten. Die Krankenschwester hörte es vermutlich auch, denn sie blieb neben uns stehen. Das Beste wäre natürlich gewesen, bei uns zu Hause anzurufen, das war eine sichere Bank, dass da niemand abhob. Aber mit der Berliner Vorwahl zusammen war das eine elfstellige Nummer, und die Krankenschwester schaute jetzt schon misstrauisch genug. Es klingelte einmal, zweimal, dreimal, viermal. Ich dachte, ich könnte langsam auflegen und sagen, dass unsere Tante sicher noch fest schlafen würde und wir zu Fuß –

»Chrr... äch, Reiber«, meldete sich ein Mann.

»Oh. Hallo, Tante Mona!«

»Reiber!«, stöhnte der Mann schlaftrunken. »Keine Tante. Keine Mona.«

»Hab ich dich geweckt?«, fragte ich. »Ja, natürlich, blöde Frage. Aber es ist Folgendes.« Ich gab der Krankenschwester ein Zeichen, dass alle unsere Probleme gelöst waren und sie sich wieder an die Arbeit machen könnte, falls es welche gab.

Es schien keine zu geben. Eisern blieb sie neben mir stehen.

»Hallo, verwählt!«, hörte ich die Stimme. »Reiber hier.«

»Ja, ich weiß. Und ich hoffe, du hast nicht ... o ja ... ja«, sagte ich und deutete Tschick und der Krankenschwester mit einem Blick an, wie überrascht – und besorgt – Tante Mona war, zu dieser Stunde einen Anruf von uns zu erhalten.

Die Stille im Telefonhörer war fast noch irritierender als das Schnaufen zuvor.

»Ja, nein ... es ist etwas passiert«, fuhr ich fort. »André hat einen kleinen Unfall gehabt, ihm ist was auf den Fuß gefallen ... nein ... nein. Wir sind im Krankenhaus. Sie haben ihn eingegipst.«

Ich sah die Krankenschwester an. Sie rührte sich nicht.

Aus dem Telefonhörer kamen unverständliche Geräusche, und plötzlich war die Stimme wieder da. Diesmal nicht mehr ganz so schlaftrunken. »Verstehe«, sagte der Mann. »Wir führen ein fiktives Gespräch.«

»Ja«, sagte ich, »aber das macht nichts. Ist auch nicht wirklich schlimm, ein Haarriss oder so.«

»Und ich bin Tante Mona.«

»Nein. Ich meine, ja ... ja, genau ... ja.«

»Und neben dir steht einer und hört zu.« Der Mann machte ein Geräusch, das ich zuerst nicht deuten konnte. Ich glaube, er lachte leise.

»Ja. Ja ...«

»Und wenn ich jetzt laut schreie, hast du ein Riesenproblem, richtig?«

»Bitte nicht, äh ... nein. Du musst dir wirklich keine Sorgen machen. Es ist alles geregelt.«

»Gar nichts ist geregelt«, sagte die Krankenschwester pampig. »Sie muss euch abholen.«

»Brauchst du Hilfe?«, fragte der Mann.

»Was?«

Die Krankenschwester sah aus, als wollte sie mir jeden Moment den Hörer aus der Hand nehmen und selbst mit Tante Mona sprechen.

»Du müsstest uns abholen, Tante Mona. Geht das? Ja? Ja?«

»Ich versteh nicht ganz, worauf das hinausläuft«, sagte der Mann, »aber du klingst, als wärst du in echten Schwierigkeiten. Bedroht dich jemand?«

»Nein.«

»Ich meine, sich den Fuß brechen, nachts um vier Anrufe faken, und du klingst, als wärst du höchstens dreizehn. Du bist in Schwierigkeiten. Oder ihr seid es.«

»Ja, na ja.«

»Und kannst natürlich nicht sagen, in welchen. Also noch mal: Brauchst du Hilfe?«

»Nein.«

»Sicher? Mein letztes Angebot.«

»Nein.«

»Okay. Dann hör ich einfach zu«, sagte der Mann.

»Jedenfalls, wenn du uns mit dem Auto abholen könntest«, sagte ich verwirrt.

»Wenn du nicht willst.« Er kicherte. Und das brachte mich endgültig aus dem Konzept. Wenn er aufgelegt hätte oder rumgeschrien, das hätte ich noch verstanden, nachts um vier. Aber dass er sich die ganze Zeit amüsierte und uns seine Hilfe anbot – alter Finne. Seit ich klein war, hatte mein Vater mir beigebracht, dass die Welt schlecht ist. Die Welt ist schlecht, und der Mensch ist auch schlecht. Trau keinem, geh nicht mit Fremden und so weiter. Das hatten mir meine Eltern erzählt, das hatten mir meine Lehrer erzählt, und das Fernsehen erzählte es auch. Wenn man Nachrichten guckte: Der Mensch ist schlecht. Wenn man Spiegel TV guckte: Der Mensch ist schlecht. Und vielleicht stimmte das ja auch, und der Mensch war zu 99 Prozent schlecht. Aber das Seltsame war, dass Tschick und ich auf unserer Reise fast ausschließlich dem einen Prozent begegneten, das nicht schlecht war. Da klingelt man nachts um vier irgendwen aus dem Bett, weil man gar nichts von ihm will, und er ist superfreundlich und bietet auch noch seine Hilfe an. Auf so was sollte man in der Schule vielleicht auch mal hinweisen, damit man nicht völlig davon überrascht wird. Ich war jedenfalls so überrascht, dass ich nur noch rumstotterte.

»Und … in zwanzig Minuten, gut, ja. Du holst uns ab. Gut.« Zum krönenden Abschluss der Performance wandte ich mich wieder an die

Krankenschwester und fragte: »Wie heißt das Krankenhaus noch mal?«

»Falsche Frage!«, zischte der Mann sofort.

Die Krankenschwester runzelte die Stirn. Mein Gott, war ich blöd.

»Virchow-Klinik«, sagte sie langsam. »Das ist das einzige Krankenhaus im Umkreis von fünfzig Kilometern.«

»Allerdings«, sagte der Mann.

»Ah ... sagt sie auch gerade!«, sagte ich und zeigte auf den Telefonhörer.

»Und aus der Gegend seid ihr auch nicht«, sagte der Mann. »Ihr habt ja richtig Scheiße am Hacken. Ich hoffe, ich les wenigstens morgen in der Zeitung, was los war.«

»Ja, hoffe ich auch«, sagte ich. »Mit Sicherheit. Wir warten dann.«

»Alles Gute euch.«

»Ihn... dir auch!«

Der Mann lachte noch mal, und ich legte auf.

»Hat sie gelacht?«, fragte die Krankenschwester.

»Ist nicht das erste Mal, dass wir ihr Kummer bereiten«, sagte Tschick, der nur die Hälfte verstanden hatte. »Die kennt das schon.«

»Und das findet sie lustig?«

»Sie ist cool«, erwiderte Tschick, und er betonte das Wort cool so, dass klar war, dass nicht alle Anwesenden in diesem Raum cool waren.

Eine Weile standen wir noch ums Telefon, dann sagte die Krankenschwester: »Ihr seid vielleicht zwei Früchtchen«, und ließ uns gehen.

41

Wir stellten uns vor den Krankenhauseingang und hielten Ausschau nach Tante Mona. Als wir sicher waren, dass uns keiner beobachtete, rannten wir los. Das heißt, ich rannte und Tschick nicht so. Vor dem Feld stand ein kleiner Zaun. Tschick schmiss die Krücken rüber, dann sich selbst. Nach ein paar Metern auf dem Acker blieb er stecken. Das Feld war frisch gepflügt, und die Krücken versanken darin wie heiße Nadeln in Butter, das ging gar nicht. Er fluchte, ließ die Krücken stecken und humpelte an meiner Schulter weiter. Als wir schätzungsweise ein Drittel vom Acker hatten, drehten wir uns zum ersten Mal um. Die Landschaft hinter uns war blau. Die noch vom Krankenhaus verdeckte Sonne schickte Licht durch Nebel und Baumkronen. Die Krücken, eine etwas umgesunken, standen am Feldrand wie ein barmherziges Kreuz, und im Obergeschoss vom Krankenhaus sahen wir an einem der Fenster, vielleicht sogar an dem Fenster, von dem aus wir den Abschleppkran gesehen hatten, eine weißbekittelte Gestalt, die uns nachschaute. Wahrscheinlich die Krankenschwester, die sich den Kopf darüber zerbrach, was für Bekloppte sie da gerade verarztet hatte. Hätte sie gewusst, wie bekloppt wir in Wirklichkeit waren, hätte sie vermutlich weniger ruhig dagestanden.

Aber es war ziemlich sicher, dass sie mitbekam, wo wir hinsteuerten, und es war auch sicher, dass sie uns beim Lada ankommen sah. Das Dach und die rechte Seite waren einigermaßen eingedetscht. Allerdings nicht so stark, dass man nicht noch bequem drin sitzen konnte. Die Beifahrertür war im Eimer und ließ sich nicht mehr öffnen, aber über die Fahrertür konnte man einsteigen. Im Innenraum sah es aus wie auf einer Müllkippe. Der Unfall, das Umdrehen und Wiederaufrichten hatten alle unsere Vorräte, Konservendosen, Kanister, Papiere, leere Flaschen und Schlafsäcke quer durchs Auto verteilt. Sogar die Richard-Clayderman-Kassette flog noch zwischen den Sitzen rum. Die Kühlerhaube hatte einen leichten Knick, und wo der Lada auf dem Dach gelegen hatte, klebte eine ölverschmierte Sandkruste. »Ende, aus«, sagte ich.

Tschick zwängte sich auf den Fahrersitz, schaffte es aber nicht, den Gips aufs Gaspedal zu stellen, der war zu breit. Er nahm den Gang raus, steckte die Kabel zusammen, drehte sich ein bisschen im Sitz herum und tippte mit der linken Fußspitze aufs Gas. Der Lada sprang sofort an. Tschick rutschte rüber auf den Beifahrersitz, und ich sagte: »Du hast sie doch nicht alle.«

»Du musst nur Gas geben und lenken«, sagte er. »Ich schalt die Gänge.«

Ich setzte mich hinters Steuer und erklärte Tschick, dass das nicht ging. Der Tank war halb voll, der Motor im Leerlauf, aber wenn ich nur einen Blick auf die Autobahn warf und wie die da mit zweihundert an uns vorbeirauschten, dann wusste ich, dass das nicht ging.

DASS ES IM GEGENTEIL SO
UNGEFÄHR DIE AUFREGENDSTE
UND TOLLSTE WOCHE SEINES
LEBENS GEWESEN WÄRE,
UND DANN UNTERHIELTEN
WIR UNS ÜBER DIE TOLLSTE
UND AUFREGENDSTE WOCHE
UNSERES LEBENS, UND ES WAR
WIRKLICH KAUM AUSZUHALTEN,
DASS ES JETZT VORBEI
SEIN SOLLTE.

»Ich muss dir ein Geheimnis verraten«, sagte ich. »Ich bin der größte Feigling unter der Sonne. Der größte Langweiler und der größte Feigling, und jetzt können wir zu Fuß weiter. Auf einem Feldweg würd ich's versuchen, vielleicht. Aber nicht auf der Autobahn.«

»Wie kommst du denn auf Langweiler?«, fragte Tschick, und ich fragte ihn, ob er eigentlich wüsste, warum ich überhaupt mit ihm in die Walachei gefahren wäre. Nämlich weil ich der größte Langweiler war, so langweilig, dass ich nicht mal auf eine Party eingeladen wurde, zu der alle eingeladen wurden, und weil ich wenigstens einmal im Leben nicht langweilig sein wollte, und Tschick erklärte, dass ich nicht alle Tassen im Schrank hätte und dass er sich, seit er mich kennen würde, noch nicht eine Sekunde gelangweilt hätte. Dass es im Gegenteil so ungefähr die aufregendste und tollste Woche seines Lebens gewesen wäre, und dann unterhielten wir uns über die tollste und aufregendste Woche unseres Lebens, und es war wirklich kaum auszuhalten, dass es jetzt vorbei sein sollte.

Und dann sah Tschick mich lange an und sagte, ich solle nicht glauben, dass Tatjana mich nicht eingeladen hätte, weil ich langweilig wäre, oder dass sie mich nicht mögen würde deshalb.

»Die Mädchen mögen dich nicht, weil sie Angst vor dir haben. Wenn du meine Meinung wissen willst. Weil du sie wie Luft behandelst und weil du nicht so weichgespült bist wie Langin, dieser Schwachkopf. Aber du bist doch kein Langweiler, du Penner. Und Isa mochte dich ja auch sofort. Weil sie nämlich nicht so doof ist, wie sie aussieht. Und weil sie ein paar Eigenschaften hat, wenn du weißt, was ich meine. Im Gegensatz zu Tatjana, die eine taube Nuss ist.«

Ich sah Tschick an, und ich glaube, mein Mund stand offen.

»Ja, ja, du liebst sie. Und sie sieht ja wirklich superporno aus. Aber im Ernst, im Vergleich zu Isa ist das eine taube Nuss. Und ich kann das beurteilen, im Gegensatz zu dir. Weil, soll ich dir auch noch ein Geheimnis verraten?«, fragte Tschick und schluckte und sah aus, als hätte man ihm eine Bleikugel im Hals versenkt, und dann kam fünf Minuten nichts, und er meinte, dass er es beurteilen könnte, weil es ihn nicht interessieren würde. Mädchen. Dann wieder lange nichts und dann: Das hätte er noch niemandem gesagt, und jetzt hätte er es mir gesagt, und ich müsste mir keine Gedanken machen. Von mir wollte er ja nix, er wüsste ja, dass ich in Mädchen und so weiter, aber er wäre nun mal nicht so und er könnte auch nichts dafür.

Und man kann jetzt denken von mir, was man will – aber ich war nicht wahnsinnig überrascht. Ich war wirklich nicht wahnsinnig überrascht. Ich hatte es nicht direkt gewusst, aber ich hatte so eine Ahnung gehabt, im Ernst. Als Tschick schon auf der ersten Fahrt mit dem Lada von seinem Onkel in Moskau angefangen hatte und auch die Sache mit der Drachenjacke und wie er Isa die ganze Zeit behandelt hatte – genau gewusst hatte ich's natürlich nicht. Aber im Nachhinein kam's mir vor, als hätte ich so eine Ahnung gehabt.

Tschick war mit dem Kopf auf das Armaturenbrett gesunken. Ich legte eine Hand in seinen Nacken, und dann saßen wir da und hörten »Ballade pour Adeline«, und ich dachte einen Moment darüber nach, auch schwul zu werden. Das wäre jetzt wirklich die Lösung aller Probleme gewesen, aber ich schaffte es nicht. Ich mochte Tschick wahnsinnig gern, aber ich mochte Mädchen irgendwie lieber. Und dann legte ich den ersten Gang ein und rollte los. Es war so traurig gewesen, die Nacht über im Krankenhaus zu sitzen und zu denken, alles wäre vorbei, und es war so fantastisch, wieder durch die Windschutzscheibe vom Lada zu gucken und das Steuer in der Hand zu haben. Ich fuhr eine Proberunde auf dem Parkplatz. Die meisten Probleme machte immer noch das Schalten, aber wenn Tschick das übernahm und ich nur auf Kommando die Kupplung treten musste, ging es, und dann rollten wir mit Schwung auf die Autobahn. Rollten auf die Standspur und blieben stehen.

»Ganz ruhig«, sagte Tschick, »ruhig. Wir machen das gleich noch mal.«

Wir warteten die nächste größere Lücke im Verkehr ab, und mit größere Lücke meine ich: kein Auto bis zum Horizont, und dann startete ich wieder und beschleunigte.

»Kupplung!«, rief Tschick, und ich trat aufs Pedal, und er legte den zweiten Gang ein.

Ich war klitschnass.

»Alles frei, zieh rüber!« Tschick legte den dritten und dann den vierten Gang ein, und langsam ließ meine Aufregung nach.

Als der erste fette Audi mit fünfhundert Stundenkilometern an uns vorbeiraste, erschrak ich noch, aber nach einer Weile hatte ich

ES WAR EIN EUPHORISCHES GEFÜHL, EIN GEFÜHL DER UNZERSTÖRBARKEIT. KEIN UNFALL, KEINE BEHÖRDE UND KEIN PHYSIKALISCHES GESETZ KONNTEN UNS AUFHALTEN.

mich beruhigt, und im Grunde war Autobahn fahren viel einfacher als Kurven fahren und bremsen und schalten und beschleunigen. Ich hatte eine Fahrspur für mich allein und musste nur noch geradeaus. Ich sah die weißen Striche wie in der PlayStation auf mich zurasen – was tatsächlich verdammt anders aussieht, wenn man in einem richtigen Auto auf einem richtigen Fahrersitz sitzt, da kann keine Grafikkarte mithalten. Der Schweiß floss in Strömen und klebte meinen Rücken am Sitz fest. Tschick pappte mir zuletzt noch ein Stückchen schwarzes Isolierband auf die Oberlippe, und dann fuhren wir und fuhren.

Clayderman klimperte, und dass er da so klimperte und dazu das eingedetschte Dach, Tschicks zerstörter Fuß und dass wir in einer hundert Stundenkilometer schnellen, fahrenden Müllkippe unterwegs waren, machte ein ganz seltsames Gefühl in mir. Es war ein euphorisches Gefühl, ein Gefühl der Unzerstörbarkeit. Kein Unfall, keine Behörde und kein physikalisches Gesetz konnten uns aufhalten. Wir waren unterwegs, und wir würden immer unterwegs sein, und wir sangen vor Begeisterung mit, soweit man bei dem Geklimper mitsingen konnte.

Wolfgang Herrndorf

Ein Mann namens Ove

DER SAAB IST SO VOLL mit Passagieren, als sie vom Krankenhaus nach Hause fahren, dass Ove unaufhörlich auf die Tankanzeige starrt, als hätte er Angst, die Tanknadel würde gleich in einen hämischen kleinen Tanz ausbrechen. Im Rückspiegel beobachtet er Parvaneh, der keinerlei Anzeichen von Besorgnis ins Gesicht geschrieben stehen und die der Dreijährigen gerade Papier und Wachsmalstifte reicht.

»Muss das im Auto sein?«, erkundigt sich Ove.

»Wäre es dir lieber, wenn sie unruhig wird und anfängt, darüber nachzudenken, ob sie die Polsterung der Sitze aufreißen könnte?«, fragt Parvaneh gelassen zurück.

Ove gibt keine Antwort. Im Rückspiegel sieht er, wie die Dreijährige mit einer großen lila Kreide vor der Katze herumwedelt, die auf Parvanehs Schoss sitzt, und ruft: »MALEN!« Die Katze betrachtet das Kleinkind aufmerksam, eindeutig nicht daran interessiert, sich mit Malerei zu befassen.

Patrick sitzt neben ihnen, er biegt und windet seinen ganzen Körper und sucht eine bequeme Sitzposition mit seinem eingegipsten Unterschenkel, den er auf den Armstützen zwischen den Vordersitzen abgelegt hat. Das ist nicht einfach, denn er hat wirklich Angst, dabei aus Versehen die Zeitungen herunterzuschieben, die Ove sowohl unter seinen Sitz als auch unter sein Gipsbein gelegt hat.

Die Dreijährige lässt eine Wachsmalkreide auf den Boden fallen, sodass sie unter den Beifahrersitz rollt, auf dem Jimmy sitzt. Mit einem bei seiner Körpermasse fast schon olympiareifen akrobatischen Akt gelingt es Jimmy, sich nach vorn zu beugen und die Kreide von der Fußmatte aufzuheben. Er begutachtet sie einen Moment lang, grinst dann und dreht sich zu Patricks hochgelegtem Gipsbein um, auf das er dann einen großen, fröhlichen älteren Mann malt. Die Dreijährige bricht in jodelndes Lachen aus, als sie es sieht.

»Fängst du jetzt auch an herumzuschmieren?«, fragt Ove.

»Schön, oder?«, grinst Jimmy und sieht aus, als wolle er Ove High-Five geben.

Ove wirft ihm einen Blick zu, der bewirkt, dass Jimmy die Hand wieder sinken lässt, noch bevor er es richtig versucht hat.

»Sorry, Mann, konnte ich mir nicht verkneifen«, sagt Jimmy und gibt Parvaneh etwas verlegen die Kreide zurück. In seiner Jackentasche klingelt etwas. Er fischt ein Handy heraus, das so groß ist wie die Hand eines ausgewachsenen Mannes, und ist mit einem Mal vollauf beschäftigt, fieberhaft auf dem Display herumzudrücken.

»Wem gehört die Katze?«, fragt Patrick vom Rücksitz.

»Oves Mieze!«, antwortet die Dreijährige felsenfest überzeugt.

»Ist sie n-i-c-h-t«, berichtigt Ove die Antwort wie aus der Pistole geschossen.

Er sieht Parvaneh provokativ in den Rückspiegel lächeln.

»Ist sie doch!«, antwortet sie.

»Nein, ist sie NICHT!«, antwortet Ove.

Sie muss lachen. Patrick schaut sie ungläubig an. Sie streichelt ihm aufmunternd übers Knie.

»Lass Ove reden. Natürlich ist es seine Katze.«

»Die Katze ist ein verfluchter Landstreicher, das ist sie«, korrigiert Ove.

Die Katze hebt ihren Kopf, weil sie hören will, worum es bei diesem Radau eigentlich geht, scheint aber zu dem Schluss zu kommen, sich lieber desinteressiert zu geben, und so macht sie es sich wieder auf Parvanehs Schoß gemütlich. Oder um genau zu sein, oberhalb ihres Bauches.

»Sollte man sie dann nicht irgendwo abgeben?«, fragt Patrick und betrachtet die Katze auf dem Schoß seiner Frau.

Die Katze hebt nur ganz leicht den Kopf, um ihm mit einem kurzen Fauchen zu antworten.

»Wie ›abgeben‹?« Ove wird laut.

»Na ja ... in einem Tierheim oder ei–«, beginnt Patrick, doch dann fällt ihm Ove laut brüllend ins Wort:

»Hier wird niemand in einem verfluchten Heim abgegeben!«

Und damit ist das Thema erledigt. Patrick gibt sich Mühe, nicht verschreckt auszusehen. Parvaneh versucht, sich das Lachen zu verkneifen. Keinem von beiden gelingt es so richtig.

»Können wir nicht irgendwo anhalten und was mampfen? Ich hab 'nen Bärenhunger«, wirft Jimmy ein und verändert seine Sitzposition, was bewirkt, dass der gesamte Saab zu schaukeln beginnt.

Ove betrachtet das Grüppchen um sich herum, als ob er gekidnappt worden und auf dem Weg in ein Paralleluniversum wäre. Für einen kurzen Augenblick spielt er mit dem Gedanken, von der Straße wegzusteuern, aber dann wird ihm klar, dass das schlimmstenfalls zur Folge haben könnte, dass sie ihm allesamt auch nach dem Tod noch Gesellschaft leisten. Bei dieser Erkenntnis drosselt er seine Geschwindigkeit und vergrößert den Sicherheitsabstand zum Auto vor ihm erheblich.

»Muss pieseln!«, ruft die Dreijährige.

»Ove, können wir mal anhalten? Nasanin muss pieseln«, ruft Parvaneh so laut, als ob sich der Rücksitz in einem Saab zweihundert Meter vom Vordersitz entfernt befände.

»Ja! Dann können wir bei der Gelegenheit vielleicht auch etwas essen?«, nickt Jimmy voller Hoffnung.

»Ja, das machen wir, ich muss auch pieseln«, sagt Parvaneh.

»Bei McDonald's gibt es Toiletten«, informiert Jimmy die anderen hilfsbereit.

»McDonald's ist eine gute Idee, halt da bitte an«, nickt Parvaneh.

»Hier wird nirgendwo angehalten«, legt Ove fest.

Parvaneh sieht ihn im Rückspiegel an. Ove schaut zurück.

Zehn Minuten später hockt er im Saab vor dem McDonald's-Restaurant und wartet auf alle anderen. Sogar die Katze ist mitgegangen. Verräter. Parvaneh kommt heraus und klopft an Oves Fensterscheibe.

»Bist du ganz sicher, dass du nichts zu essen haben möchtest?«, fragt sie ihn mit lieblicher Stimme.

Ove nickt. Sie sieht ein bisschen enttäuscht aus. Er fährt die Scheibe wieder hoch. Sie geht um den Wagen herum und steigt auf der Beifahrerseite ein.

»Danke, dass du angehalten hast«, lächelt sie ihn an.

»Jaja«, sagt Ove.

Sie isst Pommes. Ove beugt sich vor und legt den Boden vor ihr mit mehr Zeitungspapier aus. Da muss sie lachen. Er versteht nicht, warum.

»Ich brauche deine Hilfe, Ove«, sagt Parvaneh da mit einem Mal.

Ove sieht nicht gerade spontan begeistert aus.

»Ich habe mir gedacht, du könntest mir dabei helfen, den Führerschein zu machen«, fährt sie fort.

»Was sagst du da?«, fragt Ove, als hätte er sich verhört.

Sie zuckt mit den Schultern.

»Patricks Gips muss mehrere Wochen dranbleiben. Ich muss den Führerschein machen, damit ich die Mädchen fahren kann. Ich dachte, du könntest mir Fahrunterricht geben.«

Ove ist so verwirrt, dass er sogar vergisst, sich aufzuregen.

»Du hast also keinen Führerschein?«

»Nein.«

»Das war also kein Witz?«

»Nein.«

»Hast du ihn abgeben müssen?«

»Nein. Ich habe noch nie einen gehabt.«

Oves Gehirn scheint eine ganze Menge Zeit zu benötigen, um diese völlig unglaubliche Information mit seinem Prozessor zu verarbeiten.

»Was für eine Arbeit hast du?«, fragt er sie.

»Was hat das damit zu tun?«, antwortet sie.

»Das hat jede Menge damit zu tun.«

»Ich bin Maklerin.«

Ove nickt.

»Und hast keinen Führerschein.«

»Nein.«

Ove schüttelt grimmig den Kopf, als wäre das der Gipfel. Ein Mensch ohne Führerschein kann schließlich für nichts und niemanden Verantwortung übernehmen.

Parvaneh antwortet wieder mit diesem ärgerlichen kleinen Lächeln, knüllt die Pommes-frites-Tüte zwischen den Händen zusammen und öffnet die Tür.

»Sieh es einfach so, Ove: Willst du wirklich, dass jemand ANDERS aus unserer Siedlung mir das Fahren beibringt?«

Sie steigt aus dem Wagen und geht zum Papierkorb. Ove antwortet nicht. Er schnaubt nur.

Da taucht Jimmy in der Türöffnung auf.

»Darf man im Auto essen?«, fragt er mit etwas Hähnchen im Mundwinkel.

Ove will erst Nein sagen, doch überlegt sich, dass sie dann wohl niemals loskommen werden. Also legt er lieber so viel Zeitungspapier auf dem Beifahrersitz und dem Wagenboden aus, dass es aussieht, als wollte er ein Wohnzimmer streichen.

»Komm und setz dich, sonst kommen wir ja im Leben nicht nach Hause«, stöhnt er und macht ein paar hektische Handbewegungen.

Jimmy nickt zufrieden. Da gibt sein Handy wieder einen Ton von sich.

»Und unternimm was, dass das Ding mit diesen Geräuschen aufhört. Wir sind hier schließlich nicht in einer Flipperhöhle«, sagt Ove, als er langsam anfährt.

»Sorry, Mann, das ist nur das Büro, da kommen Mails an«, sagt Jimmy und balanciert sein Essen in der einen Hand, während er mit der anderen das Handy aus der Tasche nestelt.

Ove schüttelt grimmig den Kopf, als wäre das der Gipfel. Ein Mensch ohne Führerschein kann schließlich für nichts und niemanden Verantwortung übernehmen.

»Also hast du immerhin eine Arbeit«, sagt Ove.
Jimmy nickt enthusiastisch. »Ich programmiere Apps!«
Darauf stellt Ove keine weiteren Fragen mehr.

Und dann ist es immerhin zehn Minuten lang einmal relativ still im Wagen, bis sie auf den Parkplatz rollen und vor Oves Garage stehen bleiben. Ove hält auf Höhe des Fahrradschuppens, nimmt den Gang raus, lässt aber den Motor laufen und wirft seinen Passagieren einen bedeutungsvollen Blick zu.

»Jaja, Ove, kein Problem, Patrick kann von hier aus mit den Krücken laufen, nur keine Umstände«, sagt Parvaneh mit einem deutlich ironischen Unterton.

Ove zeigt mit der ganzen Hand durch die Scheibe auf das nun etwas schiefe Schild, auf dem steht, dass Autofahren im Wohngebiet nicht erlaubt ist.

»Autofahren ist im Wohngebiet nicht erlaubt.«

»Kein Problem, Ove, danke fürs Fahren!«, ruft Patrick dazwischen, übereifrig, zwischen den beiden zu vermitteln.

Er quält sich mit seinem Gipsbein vom Rücksitz aus dem Auto, während Jimmy sich mit Hamburgerfett auf dem gesamten T-Shirt vom Beifahrersitz aus dem Wagen rollt.

Parvaneh hebt die Dreijährige aus ihrem Autositz und stellt sie auf den Boden. Das Mädchen wedelt mit etwas hin und her und plappert unzusammenhängende Worte. Parvaneh nickt verständnisvoll, geht wieder zum Auto, beugt sich zur Fahrertür und hält Ove ein Papier hin.

»Was ist das?«, fragt Ove, ohne auch nur die geringsten Anstalten zu machen, das Blatt entgegenzunehmen.

»Das ist Nasanins Bild.«

»Was soll ich damit?«

»Sie hat es für dich gemalt«, antwortet Parvaneh und drückt es ihm in die Hand.

Widerwillig starrt Ove auf das Papier. Überall Striche und Kringel.

»Das ist Jimmy, und das ist die Katze, und das da sind Patrick und ich. Und das bist du«, erläutert Parvaneh.

Als sie die letzten Worte spricht, zeigt sie auf eine Figur genau in der Mitte der Zeichnung. Alles andere auf dem Papier ist mit

Schwarz gemalt, aber die Figur in der Mitte ist quasi eine Explosion von Farbe. Gelb und Rot und Blau und Grün und Orange und Lila, alles durcheinander.

»Du bist der lustigste Mensch, den sie kennt. Deshalb malt sie dich immer bunt«, sagt Parvaneh.

Dann schließt sie die Autotür und geht.

Fredrik Backman

ALTES LAND

VON ANNE KEIN Lebenszeichen, der Morgen nach einer Obstbrandbetäubung war grausam, Vera wusste das und ließ sie schlafen. Sie setzte Kaffee auf und machte Frühstück, Leon malte auf ihrem Einkaufsblock, »ein Traktor ist das«. Offensichtlich hatte er noch nicht viele Landmaschinen gesehen, sein Traktor qualmte und sah aus wie eine Dampflok.

Weil Vera keine Haselnusscreme hatte, aß er ein Brot mit Honig, »deine Mutter muss dich nachher mal abduschen«, sagte Vera, das ganze Kind war klebrig.

Sie gingen zum Pferdestall und holten Heu für das Kaninchen, aber Willy wollte das Zeug nicht, das Leon ihm da in den Käfig stopfte, in Hamburg hatte es Karotten gegeben und Nagerglück-Trockenfutter, er legte genervt die Ohren an und drehte sich weg, er musste die ganze Umstellung erst mal verkraften.

»Probier mal, Willy, ist lecker«, sagte Leon und kaute zum Beweis selbst ein bisschen Heu, aber das half auch nicht. Das Kaninchen verzog sich wieder in die Käfigecke und gab sich dem Kulturschock hin.

Vera spürte plötzlich, dass sie sich kaum noch auf den Beinen halten konnte, sie war todmüde von der Nacht in der Küche, von dem ganzen Rummel plötzlich in ihrem Haus, dann noch der Mensch mit dem Fahrradhelm heute Morgen. Willy war nicht der Einzige, der sich hier an die Umstellung gewöhnen musste.

Ein Blick in Ida Eckhoffs Wohnzimmer zeigte, dass Anne noch nicht so weit war.

Sie lag quer über dem Schlafsofa, die Beine im Bettbezug verheddert, Vera machte das Fenster einen Spalt breit auf, im Sessel rührte sich nichts, also ging sie zurück in die Küche. Leon hatte sich angezogen, die Träger seiner Latzhose waren verdreht, die Socken hatte er vergessen, er kam mit seinen Pixibüchern und streckte ihr die Arme entgegen: »Schoß.« Vera schob ihren Stuhl zurück und nahm ihn hoch. Er war nicht schwerer als ein Rehkitz.

LEON ZOG UNAUFFÄLLIG DEN SCHNULLER AUS DER TASCHE UND SCHOB IHN IN DEN MUND. DANN LEHNTE ER SICH ZURÜCK, SEIN KOPF LAG AN IHRER SCHULTER, SIE SPÜRTE SEINE WEICHE HAUT AN IHRER WANGE UND SEIN HAAR. ER FÜHLTE SICH AN WIE EIN KÜKEN.

Vor Veras Augen verschwammen kurz die Buchstaben, sie drückte für eine Sekunde die Finger auf ihre Augenlider, dann fing sie an zu lesen. »Es regnete schon seit Tagen ...«

Wie lange war es her, dass sie etwas gestreichelt hatte, das kein Fell trug?

Ihre Hände kannten Rosshaar und Hundefell, tote Hasen und Rehe, den samtigen Pelz der zerbissenen Maulwürfe, die Heinrichs Kater manchmal anschleppte. Sie hatten Karls knochige Schultern unter den Flanellhemden gekannt und die Stoppeln auf seinen Wangen, die sie manchmal berührt hatte, wenn er schlafend auf der Bank hing. Sie erschraken fast vor diesem warmen kleinen Jungen.

Vera Eckhoff kannte Kinder nur angespannt vor Angst, die Augen groß, die Münder aufgerissen, auf ihrem Zahnarztstuhl, und meistens tat sie ihnen weh.

Sie hätte sie hin und wieder streicheln können, einmal nur kurz die Hand über die Wange gleiten lassen, vor der Behandlung oder auch danach, das fällt dir jetzt ein, dachte sie.

Es kamen keine Kinder mehr in ihre Praxis, die Eltern fuhren sie nach Stade zu einem jungen Zahnarztpaar, das sich auf kleine Patienten spezialisiert hatte. Was immer das hieß, wahrscheinlich lag Spielzeug im Wartezimmer und die Ärzte trugen T-Shirts.

Vera war nur noch an zwei Tagen in der Praxis, ihre Patienten kamen aus alter Gewohnheit oder weil sie kein Auto hatten für die Fahrt nach Stade. Manchmal rief ein Obstbauer an und brachte ihr einen kurdischen Erntehelfer mit schlimmer Karies oder vereitertem Backenzahn. Dr. Eckhoff stellte dann keine Fragen zu Krankenkasse und Papieren, das hatte sich herumgesprochen.

Vera las weiter, es ging um einen Bären, einen Pelikan und einen Pinguin, die Geschichte machte keinen Sinn, aber Leon saß ganz still, er hatte die Knie angezogen, und Vera ließ die Hand auf seinem nackten Fuß, fühlte die runden Zehen unter ihrem Daumen und musste sich zusammenreißen, um nicht das ganze Kind an sich zu drücken und ihr Gesicht in seinen weichen Haaren zu vergraben.

Du bist ein altes Waschweib, Vera Eckhoff! Aber sie ließ ihre Wange an seiner und las weiter den Quatsch von den Tieren, die die Sonne suchten.

Dörte Hansen

EINFACH MENSCH SEIN

IN NEW HAMPSHIRE ließen Howard und ich es uns gut gehen. Wir liebten die Wälder, die Sümpfe, die kurzen heißen Sommer, die strahlenden Farben des Herbstes und die funkelnde Schneedecke, in die der Winter alles hüllte. Beide arbeiteten wir als Freiberufler. Für Artikel über Rieseninsekten und Possums reiste ich nach Neuseeland; in Hawaii und Kalifornien untersuchte ich Tiersprachen, und dann war da noch meine Kolumne im Boston Globe über Naturthemen. Howard schrieb regelmäßig Beiträge für die Zeitschriften Yankee, Historic Preservation und American Heritage sowie für etliche Zeitungen. Mit dem älteren Ehepaar, das uns eine ehemalige Remise unweit der Hauptstraße vermietete, freundeten wir uns schnell an. Und als für unsere Bücher und Akten kein Platz mehr war, zogen wir einfach von New Ipswich in den nächstkleineren Ort, nach Hancock um, in eine Doppelhaushälfte auf einem acht Hektar großen Farmgrundstück. Auch ein Stall, ein Bach und ein eingezäuntes Stück Weide gehörten dazu. Nach all den Umzügen in meiner Kindheit hatte ich endlich ein Zuhause gefunden.

Wir feierten das Erscheinen von Howards erstem Buch Cosmopolis über die Stadt der Zukunft, und bald zog auch ich einen Buchvertrag an Land. Ich wollte über die Heldinnen meiner Kindheit schreiben: die Primatologinnen Jane Goodall, Dian Fossey und Biruté Galdikas, was mit Forschungsreisen nach Ostafrika und Borneo verbunden sein würde. Und last but not least heirateten Howard und ich auf der Farm eines Freundes, was wir mit dreißig Menschen, vier Pferden, darunter eine hochschwangere Stute, drei Katzen und einem Hund feierten.

Doch dann ging alles schief.

Das Haus, in dem wir wohnten, stand zum Verkauf. Der Verleger meines Buches annullierte den Vertrag. Ich reiste trotzdem nach Afrika, wo ich mit Jane Goodall verabredet war. Sie hatte versprochen, mich am Ende ihrer zweimonatigen Expedition durch drei Länder zu treffen, doch das klappte nicht. Ich saß im Busch fest, und mir fehlte die Anfangsszene für mein Buch. Das Schlimmste aber war, dass mein Vater mit Lungenkrebs im Sterben lag. Es kam mir vor, als verlöre ich alles auf einmal: mein Zuhause, mein Buch, meinen Vater.

Sicherlich kein guter Moment, ein Jungtier aus einer Spezies bei uns aufzunehmen, mit der wir noch kaum etwas zu tun gehabt hatten. Doch an einem trostlosen Tag im März, an dem überfrorener Matsch die Autos bespritzte und der restliche Schnee auf den Feldwegen so unappetitlich aussah wie rotzige Kleenextücher, hatte ich doch tatsächlich auf dem Heimweg ein schwaches, schwarz-weiß geflecktes Ferkelchen in einem Schuhkarton auf dem Schoß.

Es war Howards Idee gewesen. Ich war bei meinem Vater in Virginia, als er den Anruf erhielt. Die Muttersäue von Bekannten hatten besonders viel geworfen, darunter auch viele sogenannte Kümmerlinge. Das Kleinste von allen war nur halb so groß wie die anderen und hatte alle erdenklichen Probleme: tränende Augen, Würmer und Durchfall. Sie nannten es »das gefleckte Etwas«. Dieser Zwerg brauchte mehr Zuwendung, als die Leute auf der Farm ihm geben konnten. Außerdem würde niemand so ein mickriges Ferkel in der Tiefkühltruhe haben wollen – das Schicksal aller seiner Geschwister. Ob wir es zu uns nehmen könnten, wurden wir gefragt.

Normalerweise hätte Howard über diesen Anruf kein Wort verloren. Er ließ mich auch nie allein ins Tierheim gehen – aus Angst, ich könnte die Hälfte der Bewohner mit nach Hause bringen. Unsere Frettchen hatten wir schon länger nicht mehr, doch seitdem wir in Hancock wohnten, hatte sich ein herrenloser Nymphensittich zu unseren Rosenköpfchen gesellt sowie ein obdachloser purpurroter Rosellasittich. Auch die unternehmungslustige grau getigerte Katze unseres Vermieters ging bei uns ein und aus. Doch Howard wollte mich von meinen Sorgen ablenken. Warum also nicht ein kleines Ferkel adoptieren?

Wir nannten es Christopher Hogwood, frei nach dem Dirigenten und Gründer der *Academy of Ancient Music*, deren Aufnahmen wir oft und gern im Rundfunk hörten, und hofften, dass der kleine Kerl einfach nur Wärme, Liebe und einen eigenen Futternapf brauchte, ohne die Konkurrenz seiner Geschwister fürchten zu müssen.

Wir hatten noch nie ein Schwein aufgepäppelt. Ja wir hatten überhaupt noch nie jemand großgezogen, abgesehen von den Jungen unserer Frettchen, doch die hatten ihre Frettchenmutter. Wir wussten nicht, ob Chris, das Ferkel, überleben würde. Und wenn, wie groß es werden würde. Wir wussten nicht einmal, wie alt ein Schwein werden konnte, da die meisten mit sechs Monaten geschlachtet werden.

Wir würden uns überraschen lassen. Die größte Überraschung aber war, dass mein Kummer, kaum zog Christopher Hogwood bei uns ein, verflogen war.

»Oink, oink, OINK!« So rief Christopher Hogwood immer nach mir, wenn er mich mit seinen übergroßen pelzigen Ohren näher kommen hörte. Es klang, als könne er es nicht erwarten, mich wiederzusehen. Und auch ich begrüßte ihn mit einem freudigen Quieken. In dem Verschlag, den wir aus zusammengebundenen Paletten für ihn gebaut hatten, kniete ich mich in Heu und Hobelspäne und fütterte ihm sein Frühstück.

Dann ging es auf das Stück Weideland hinaus, das Chris nach Herzenslust unter stetem Grunzen mit seiner wundersamen Nasenscheibe erkundete. Zurück im Stall, stupste er mit seiner kräftigen nassen Schnauze in meine Armbeuge, und wir schmusten.

Mit seinen großen Ohren – eines muschelrosa, eines schwarz –, seiner Schnüffelnase und dem schwarzen Fleck über einem Auge (der an Spuds MacKenzie, die Hundefigur in einer beliebten Bierwerbung, erinnerte) war er das niedlichste Baby, das ich je gesehen hatte. Gerade weil er so winzig war. Jeder seiner kleinen Hufe hätte auf einer Vierteldollarmünze Platz gefunden. Kaum vorstellbar: ein ganzes Schwein in einem Schuhkarton! Doch in diesem kleinen Körper steckte eine stattliche Persönlichkeit. Er war fröhlich, wissbegierig und äußerst gesprächig. Rasch lernte ich ihn verstehen: »Oink. Oink! OINK!« bedeutete: »Komm her – SOFORT!« Ein eher fragendes »Oink? Oink? Oink?«: »Was gibt's zum Frühstück?« Ein langsames, tiefes »Oink. Oink. Oink« sollte mich dazu bringen, ihn am Bauch zu kraulen, und ein lang gezogenes, besonders tiefes »Oooooink!« zeigte dabei die Stelle an, wo genau. Ein hohes »Reee!« verriet Aufregung, noch höher war es ein Hilferuf. Ein tiefes Begrüßungsgrunzen galt Howard und ein etwas höheres mir. Im Nu hatte er mich um

Wir würden uns überraschen lassen.
Die größte Überraschung aber war,
dass mein Kummer, kaum zog Christopher
Hogwood bei uns ein, verflogen war.

seinen gespaltenen Huf gewickelt, und ich liebte ihn so sehr, dass es mir Angst machte.

Ich hatte an meinem kleinen Ferkel unendlich mehr Freude als meine Eltern früher an mir. Schon während des College wollten sie mich auf die Army vorbereiten und meldeten mich beim Navy Town Club an und im Navy Country Club in Washington, D.C., in der Hoffnung, ich würde einen passenden, dem Militär angehörenden Mann finden. Doch daraus wurde nichts. Der Mann, mit dem ich stattdessen mein Leben verbringen wollte, muss ihnen wie blanker Hohn vorgekommen sein. Mit seiner Lockenpracht und seinen fortschrittlichen Ansichten verkörperte Howard das Gegenteil eines Armeeoffiziers. Hinzu kam, dass er Jude war und ich Methodistin. Er stammte aus einer liberalen Mittelschichtfamilie, ich aus einer wohlhabenden, konservativen. Kaum verheiratet, wurde ich daher von meinem Vater in einem gehässigen Brief enterbt und mit der Schlange in Shakespeares Hamlet verglichen: »Die Schlang', die deines Vaters Leben stach …« Für meine Eltern war ich aus der Art geschlagen.

Und doch stieg ich, als ich fast zwei Jahre später über meine Tante in Kalifornien von der Lungenoperation meines Vaters erfuhr, sofort ins nächste Flugzeug nach Washington, wo er im Militärkrankenhaus lag. Meine Eltern waren sehr froh über mein Kommen und alle weiteren Besuche. Howard aber war nie willkommen, nicht einmal, als mein Vater beerdigt wurde. Ich war bei ihm, als er starb, doch mein Vater hat mir nie wirklich verziehen, und auch meine Mutter kam nie darüber hinweg, dass ich nicht das gewünschte Leben führte.

Wie anders verhielt es sich zwischen mir Zweibeinerin und unserem Vierbeiner. Er war ein Schwein, und genau dafür liebte ich ihn, so wie ich Molly geliebt hatte, nicht obwohl, sondern weil sie ein Hund war. Christopher wiederum sah großzügig darüber hinweg, dass ich nur ein Mensch war.

Außer unseren körperlichen Unterschieden gab es noch einen anderen entscheidenden Gegensatz zwischen Christopher und mir. Ich war scheu. Er kein bisschen. Regelmäßig brach er aus seinem Gehege aus und suchte Gesellschaft. Wir hatten die Tür zu seinem Verschlag mit kunstvoll verknoteten Gummiseilen gesichert, doch Chris schaffte es mit der hohen Intelligenz eines Schweins und seiner geschickten Schnauze, die Seile zu lösen. Er wollte die Nachbarschaft erkunden.

»Vor unsrer Tür steht ein Schwein! Gehört das euch?« Kaum kam der Anruf, raste ich los. Manchmal tauchte ich ungekämmt und im Nachthemd bei den Nachbarn auf. Doch ich wurde immer herzlich begrüßt. Bis ich dort war, hatte Christopher seine Gastgeber bereits bezirzt. Sie streichelten ihn hinter den großen Ohren, kraulten seinen Bauch oder gaben ihm Leckerchen. »Ist der süß! Und so lieb!«, riefen sie und wollten mehr über ihn erfahren.

Früher hatte ich nie gewusst, worüber ich mich mit anderen unterhalten sollte. Ich konnte nichts beisteuern zu Themen wie Kinder, Autos, Sport, Mode, Filme… Nun hatte ich jede Menge Stoff, selbst auf Partys, die mir immer ein Schrecken gewesen waren: wie Christopher seine Ausbrüche einfädelte; dass Schweine einzelne Menschen nicht nur wiedererkennen, sondern sich noch nach Jahren an sie erinnern; dass Chris die Rinde von Wassermelonen liebte, aber keine Zwiebeln; dass er sein Futter nicht hinunterschlang, sondern jeden Bissen bedächtig auswählte und sorgsam mit den Lippen aus dem Futternapf nahm. Die Leute fragten immer, was wir denn eines Tages mit ihm »machen« würden. »Ich bin Vegetarierin, und mein Mann ist Jude«, entgegnete ich dann. »Essen werden wir ihn ganz bestimmt nicht, aber wir überlegen, ihn zum Studieren ins Ausland zu schicken…«

Gelegentlich luden wir zum »Dinner mit Show«. Wer von daheim Reste mitbrachte, zum Beispiel altbackene Bagels, Makkaroni mit Käse oder Eiskrem, durfte sie an Chris verfüttern. Yankees hassen Verschwendung, und Christophers Freude beim Fressen war ansteckend. Bald wurden aus Nachbarn Freunde.

Letztlich war Christopher genau im richtigen Moment in unser Leben getreten, denn Howard und ich waren Hauseigentümer geworden: Das Grundstück hatte sich als zu klein für ein echtes Doppelgrundstück entpuppt, und der Preis ging runter. So konnten wir unser Heim günstig erwerben. Ohnedies angebunden durch unser Schwein, beschlossen wir, dass es an der Zeit war für Familienzuwachs.

Als Erstes kamen die »Ladys«. Eine gute Freundin schenkte uns zur Hauseinweihung acht Hühner, die sie selbst großgezogen hat-

Ich selbst war mit dreißig ohnehin reich
gesegnet mit einem wunderbaren Beruf,
einem Ehemann, einem schönen Zuhause,
Katze, Hund, Hühnern, Papageien und
einem Prachtexemplar von einem Schwein.

te. Abgesehen von den roten Kämmen, orangefarbenen Augen und schuppigen gelben Füßen sahen die schwarzen Legehennen aus wie ein Nonnenkonvent. Sie liefen draußen frei herum, scharrten nach Würmern und Käfern, gackerten vor sich hin und kamen uns zur Begrüßung immer entgegengerannt in der Hoffnung auf etwas zu fressen. Erwartungsvoll stellten sie sich uns in den Weg, wollten gestreichelt oder auf den Arm genommen werden.

Dann folgte Tess, eine reinrassige langhaarige Border-Collie-Hündin mit einer turbulenten Vergangenheit. Die als Hütehund gezüchtete Rasse ist berühmt für ihre Unabhängigkeit, gefühlsbetont, eigensinnig und schlau. Howard hatte sich immer schon solch ein Tier gewünscht. Aber diese Hunde haben auch einen Nachteil: Wenn es keine Schafe oder Kühe zu hüten gibt, verlegen sie sich auf Insekten – oder Schulbusse. Sie brauchen immer etwas zu tun. Tess war noch klein, als sie während eines offiziellen Dinners bei ihren ursprünglichen Besitzern auf den Esstisch sprang. Sie kam in ein Heim in unserer Nähe, das von der bekannten Tierschützerin Evelyn Naglie geleitet wurde. Dort spielte Tess an einem Wintertag mit einem Kind, das seinen Ball auf die Straße warf, direkt vor den nahenden Schneepflug. Tess brauchte fast ein Jahr, um sich von ihren Verletzungen zu erholen. Dann fand sie wieder ein Zuhause, musste aber wenig später wieder ins Heim zurück, weil die neuen Besitzer in der Rezession ihr Dach über dem Kopf verloren. Als wir Tess übernahmen, hatte die zweijährige Hündin schon für ein ganzes Leben genug Schmerz, Verlust und Ablehnung erfahren.

Tess war sehr sportlich. Trotz ihres verletzten Beins sprang sie hoch in die Luft, um Bälle und Frisbees zu fangen. Sie verstand viele englische Befehle und gehorchte aufs Wort. Doch sie war, außer wenn wir ihre Lieblingsspiele spielten (was etwa jede Stunde zu geschehen hatte), so in sich zurückgezogen, wie Chris kontaktfreudig war. Wir mussten sie regelrecht drängen, ihr Bächlein oder ein Häufchen zu machen und zu fressen. Sie ließ mit sich schmusen, schien aber nicht zu wissen, wozu das gut sein sollte. Wochenlang hat sie nicht gebellt, als habe sie Angst, ihre Stimme zu erheben. Als wir sie zum ersten Mal ins Schlafzimmer ließen, blickte sie uns erschrocken und ungläubig an. Wir klopften einladend auf die Bettdecke, und gehorsam sprang sie auch hinauf, machte aber sofort wieder kehrt, als könne das, was wir von ihr wollten, nicht wahr sein.

Tess schien ihre Emotionen zu unterdrücken, doch wir wussten, das musste nicht so bleiben. Ein Blick auf Christopher genügte. Er war prächtig gediehen, brachte im Alter von einem Jahr stolze 120 Kilo auf die Waage und war noch nicht einmal ausgewachsen. Bestimmt könnte unsere Fürsorge Tess das erlittene Leid vergessen machen.

Nach der Hündin kamen, wie im Bilderbuch, die Kinder. Wenn auch anders als vermutet.

Selbst schwanger werden hatte ich nie wollen. Wozu auch, wenn ich schon keine kleinen Hunde bekommen konnte. Die Erde war ohnehin mit Menschen überbevölkert.

Die meisten unserer Freunde waren kinderlos oder so viel älter als wir, dass ihre Kinder schon erwachsen waren. Ich selbst war mit dreißig ohnehin reich gesegnet mit einem wunderbaren Beruf, einem Ehemann, einem schönen Zuhause, Katze, Hund, Hühnern, Papageien und einem Prachtexemplar von einem Schwein. Von der Biomasse her fiel unsere Familie auch so schon mehr ins Gewicht als die unserer Altersgenossen.

Als Christopher seinen zweiten Herbst bei uns verbrachte, mussten wir neue Regeln einführen. Er war inzwischen zu groß und stark geworden, als dass man ihn noch an der Leine hätte ausführen können. Doch mit einem Eimer Futter, zu dem die ganze Nachbarschaft etwas beisteuerte, konnte ich ihn zu seinem Fressplatz hinter dem Haus locken. Tess immer dabei: Sie trottete mit dem Frisbee im Maul hinterher, dann folgte eine schwarze Hühnerdame hinter der anderen. Bei der Schweinesuhle angelangt, kippte ich die Küchenabfälle aus und befestigte eine lange Leine an Christophers Zaumzeug, Marke Eigenbau. Ich redete ihm gut zu und warf für Tess den Frisbee, während Christopher fraß. Dies war unsere liebgewonnene Routine – bis zu dem Tag im Oktober, als Chris plötzlich innehielt. Mit bebender Nasenscheibe hob er den Kopf und stieß ein Begrüßungsgrunzen aus: Zwei kleine blonde Mädchen kamen auf uns zugerannt.

»Das ist ja noch cooler als ein Pferd. Guck mal, ein Schwein!«, rief die ältere ihrer jüngeren Schwester zu und fragte mich dann: »Dürfen wir es streicheln?«

Ich zeigte ihnen, wie man Chris durch Kraulen seines Bauches dazu bewegen konnte, sich auf die Seite plumpsen zu lassen. Christopher grunzte vor Glückseligkeit, als die kleinen Hände hinter seine Ohren griffen, wo das Fell am weichsten ist. Ich zeigte den Mädchen die vier Zehen an jedem seiner Hufe, die Hauer, die ihm zu wachsen begannen, und die vielen Brustwarzen. Sie waren begeistert.

Christopher liebte ihre Gesellschaft. Und Tess gefiel es natürlich sehr, dass es nun ein paar mehr Hände gab, die den Frisbee werfen konnten. Während die Hühner um uns herum nach Resten von Schweinefutter pickten, erfuhr ich, dass die Mädchen und ihre Mutter bald als Mieter in die leer stehende Doppelhaushälfte neben uns einziehen würden. Durch die Scheidung ihrer Eltern hatten sie ihr Zuhause verloren und waren gar nicht glücklich über den bevorstehenden Umzug gewesen – bis jetzt.

Die zehnjährige Kate und die siebenjährige Jane wurden zu täglichen Besucherinnen. Oft brachten sie Sandwiches und Äpfel für Christopher mit, die sie sich, wie ich herausfand, von ihrem Schulproviant absparten. »Ich weiß gar nicht, warum ich den beiden überhaupt ein Schulbrot mitgebe«, meinte Lila, ihre Mutter, später. »Ich könnte alles auch gleich Christopher zum Fressen vorwerfen.« Ab und zu verkündeten die Mädchen, dass ihre Eiskrem Gefrierbrand habe, und verfütterten sie löffelweise an Christopher. Dazu stellte er sich auf die Hinterbeine, legte seine Vorderpfoten auf das Gatter, sperrte sein riesiges Maul weit auf und wartete geduldig auf jeden Bissen. Bald schon begrüßte Christopher die Mädchen mit einem so weichen Grunzen wie sonst niemanden.

Kate und Jane führten auch das »Pig Spa« ein, das Wellnessprogramm für Schweine. An einem schönen Frühlingsmorgen fand Kate, dass Christophers Ringelschwänzchen gekämmt werden müsste. Danach sollten die Haare daran geflochten werden.

Und wie es nicht weiter verwundern konnte bei zwei heranwachsenden Mädchen, deren Haus voll von Haargummis war und nach Badeschaum duftete, endete das Ganze in einer umfassenden Schönheitskur für unser Schwein.

In Eimern holten wir warmes Seifenwasser aus der Küche und noch mehr warmes Wasser für die anschließende Spülung. Wir benutzten Produkte, die man zur Hufpflege bei Pferden nimmt, um

Christophers Hufe schön blank zu polieren. Er grunzte vor Wonne in seinem Pool. Nur wenn das Wasser zu kalt war, schrie er wie am Spieß, verstummte jedoch, kaum dass wir mit warmem Nachschub herbeigerannt kamen.

Schon bald vergrößerte sich die Kinderschar. Unsere Lieblingsnachbarn brachten immer ihre Enkel vorbei, wenn die Familie aus Iowa zu Besuch kam. Dort gibt es auch viele Schweine, aber keine, die eine Spa-Behandlung bekamen. Kelly, ein krebskrankes Teenagermädchen, kam immer nach der Chemo herüber. Chris, der inzwischen riesengroß und so stark war, dass er einen Holzstoß mit einem einzigen Nasenstupser umwerfen konnte, war zu ihr besonders sanft. Zwei Jungs, die mit ihren Eltern in Massachusetts lebten, hatten immer ihre tiefgekühlten Reste dabei, wenn sie nach Hancock kamen, und verfütterten sie an Chris. Einmal brachten sie sogar frische Schokoladen-Donuts mit, die sie brüderlich mit dem Schwein teilten. Zum ersten Mal im Leben erfuhr ich, wie viel Spaß es macht, mit Kindern zu spielen, und freute mich jeden Tag darauf.

Als die Mutter von Kate und Jane wieder die Schulbank drückte, um sich zur Therapeutin auszubilden, kamen die Mädchen nachmittags immer zu uns und blieben, bis ihre Mutter nach Hause kam. Howard brachte Jane zu ihren Fußballspielen, und ich half Kate bei den Hausaufgaben. Im Winter heizte Howard im Nachbarhaus ein, damit Lila es warm hatte bei ihrer Rückkehr. Immer wieder wurden wir nach drüben zum Dinner eingeladen, und wir machten mit den Mädchen Ausflüge. Wir besuchten die Farm, auf der Christopher geboren wurde, ein andermal fuhren wir zusammen ins nächste Naturreservat, um das Stinktier freizulassen, das wir bei uns im Hühnerstall mit einer Lebendfalle gefangen hatten. Bei einem Astronomie-Kongress in Vermont schliefen wir gemeinsam im Zelt. Wir backten Kekse, lasen Bücher, verbrachten die Feiertage zusammen.

Die »Ladys« merkten als Erste, was da vor sich ging. Anfänglich waren sie brav auf unserem Grundstück geblieben – nun begannen sie über die Steinmauer zu hüpfen, welche die beiden Gärten voneinander trennte, und fühlten sich überall zu Hause: Christopher Hogwood hatte unsere beiden Haushalte zusammengebracht, wir waren eine artenreiche Gemeinschaft geworden.

Christophers Ruhm wuchs mit seinem Leibesumfang. Mit fünf Jahren wog er mehr als siebenhundert Pfund. Kein Wunder bei all dem Futter, das er an allen Ecken und Enden zugesteckt bekam. Wenn unsere Briefträgerin genug Gemüseabfälle beisammenhatte, legte sie eine gelbe Karte in unser Postfach, damit wir die Reste abholten. Opernarien schmetternd belieferte der Inhaber eines Käseladens Christopher eimerweise: Brotkanten, verklumpte Suppen, Anschnitte von Tomaten. Nachbarn brachten Äpfel, zu groß gewachsene Zucchini und Molke vom Käsemachen.

Ja, die Schar von Christophers Bewunderern umspannte schon bald den Globus. Ich hatte immer Fotos unseres prächtigen Schweins bei mir, um bei meinen Forschungsreisen zu den Geparden, Schneeleoparden und den großen weißen Haien Eindruck zu schinden. Zu Hause war er ohnedies der Star.

Was hatte Christopher Hogwood an sich, dass er alle Menschen so für sich einnahm? Lila brachte es einmal auf den Punkt: Er war ein großer dicker Buddha, der uns lehrte zu lieben, was das Leben uns gibt. Selbst wenn es Schweinepampe ist.

Sein Futter liebte Chris fürwahr. Er liebte sein Wellnessprogramm und seine Streicheleinheiten. Er liebte Gesellschaft, ganz gleich, wer ihn besuchte – ob Kind oder erwachsen, ob krank oder gesund, mutig oder schüchtern, ob man ihm die Rinde einer Wassermelone reichte oder einen Donut oder nur eine leere Hand, die ihn hinter den Ohren kraulen wollte –, er begrüßte alles und jeden mit fröhlichem Grunzen. Kein Wunder, dass alle ihn vergötterten.

Tag für Tag beobachtete ich den paarhufigen Schweine-Buddha und lernte von ihm, die irdischen Gaben zu genießen: das goldene Licht der Sonne auf der Haut, die Freude beim Spielen mit den Kindern. Neben Christopher Hogwoods großem Herzen und seinem massigen Körper wirkten meine Sorgen klein. Nach einem bewegten Leben voller Umzüge erdete er mich. Und nachdem meine Eltern mich verstoßen hatten, war es Christopher, der aus einem bunten Gemisch von Wahlverwandten eine richtige Familie entstehen ließ, die nicht den Genen zu verdanken ist, sondern allein auf Zuneigung beruht.

Sy Montgomery

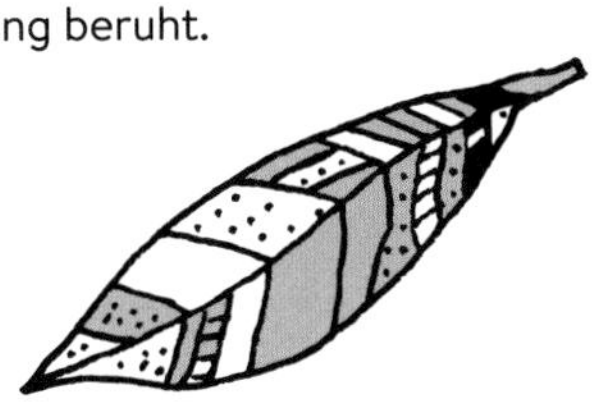

Eine wie Alaska

SIEBENUNDVIERZIG TAGE VORHER Am Mittwochmorgen, einen Tag vor Thanksgiving, wachte ich mit einer verschnupften Nase auf und lernte ein völlig neues Alabama kennen. Als ich über die Wiese zu Alaskas Zimmer ging, knisterte der Reif unter meinen Sohlen. In Florida hat man nicht häufig Frost – und ich hüpfte aufgeregt auf und ab, als würde ich über Blubberfolie laufen. *Krk. Krk. Krk.*

Alaska hielt eine brennende grüne Kerze in der Hand und ließ Wachs in einen riesigen selbst gebastelten Vulkan tropfen, der mich an ein farbenfrohes Physikexperiment der Mittelstufe erinnerte.

»Verbrenn dir nicht die Finger«, sagte ich, als die Flamme an ihrer Hand hinaufleckte.

»Rasch fällt die Nacht. Heut' ist schon vorbei«, sagte sie, ohne aufzusehen.

»Warte mal, das hab ich schon mal gehört. Was ist das?«, fragte ich.

Mit der freien Hand griff sie nach einem Buch und warf es mir zu. Es landete zu meinen Füßen. »'nen Gedicht«, sagte sie. »Edna St. Vincent Millay. Das hast du gelesen? Ich bin beeindruckt.«

»Oh, nein, ich hab nur ihre Biografie gelesen. Ihre letzten Worte standen nicht drin. Ich war ziemlich enttäuscht. Aber ich erinnere mich, dass sie viel Sex hatte.«

»Ich weiß. Sie ist mein Idol«, sagte Alaska ohne eine Spur von Ironie. Ich lachte, aber sie ignorierte mich. »Findest du es nicht komisch, dass du lieber die Biografien von großen Schriftstellern liest als ihre Werke?«

»Kein bisschen!«, verteidigte ich mich. »Nur weil jemand ein interessanter Mensch ist, heißt das lange nicht, dass mich auch seine nächtlichen Ergüsse interessieren.«

»Es geht um Depressionen, du Blödmann.«

»Ach, wirklich? Mein Gott, dann ist es natürlich *brillant*.«

Sie seufzte. »Na gut. Mag es auch schneien im Winter meines Missvergnügens, wenigstens leistet mir ein Zyniker Gesellschaft.

Setz dich bitte.«

Ich setzte mich im Schneidersitz neben sie. Unsere Knie berührten einander. Sie zog eine Plastikbox voller Kerzen unter ihrem Bett hervor, warf einen Blick hinein und reichte mir schließlich eine weiße Kerze und ein Feuerzeug.

Den ganzen Morgen verbrachten wir damit, Kerzen abzubrennen – und hin und wieder zündeten wir uns eine Zigarette an, nachdem wir ein Handtuch vor den Türspalt gestopft hatten. In zwei Stunden schafften wir es, den Gipfel ihres polychromen Wachsvulkans um dreißig Zentimeter aufzustocken.

»Mount St. Helens auf LSD«, befand sie.

Um halb eins, nachdem ich zwei Stunden um einen McDonald's-Besuch gebettelt hatte, verkündete Alaska endlich, es sei Mittagessenszeit.

Auf dem Weg zum Schülerparkplatz entdeckte ich ein fremdes Auto. Klein und grün. Eine Rostlaube. Ich dachte: *Das Auto habe ich schon mal irgendwo gesehen.* Ich dachte: *Wo habe ich das Auto bloß gesehen?* Und dann sprang der Colonel aus dem Wagen und rannte auf uns zu.

Statt einer normalen Begrüßung – »Hallo« oder so was – rief der Colonel: »Ich soll euch ausrichten, dass ihr zum Thanksgiving-Essen bei Chez Martin eingeladen seid.«

Alaska flüsterte mir etwas ins Ohr, und ich lachte und sagte: »Ich soll dir ausrichten, dass wir die Einladung annehmen.«

Und dann marschierten wir zu dritt zum Adler, sagten Bescheid, dass wir Thanksgiving im Trailer Park feiern würden, bestiegen die martinsche Rostlaube und brausten davon.

Auf der zweistündigen Autofahrt in Richtung Süden klärte uns der Colonel auf. Ich hatte mich auf den engen Rücksitz gequetscht, weil Alaska als Erste *Shotgun* gerufen hatte. Normalerweise saß sie am Steuer, aber wenn nicht, war sie die Shotgun-Kaiserin der ganzen Welt. Als Chips Mutter hörte, dass wir in den Ferien in der Schule blieben, brachte sie es nicht übers Herz, uns Thanksgiving ganz ohne Familie feiern zu lassen. Der Colonel selbst war nicht besonders begeistert von der Idee – »Ich muss im Zelt schlafen«, knurrte er, und ich lachte.

ALASKA BESCHLOSS, DELORES
BEIM KOCHEN ZU HELFEN. SIE
MEINTE ZWAR, ES SEI SEXISTISCH,
DIE KOCHEREI DEN FRAUEN
ZU ÜBERLASSEN, ABER BESSER
EIN GUTES, SEXISTISCHES ESSEN
ALS MIESER, VON JUNGS ZU-
BEREITETER FRASS.

Nur dass sich später herausstellte, dass er wirklich im Zelt schlafen musste – in einem schönen grünen Viermannzelt, das aussah wie ein halbes Ei, aber es blieb ein Zelt. Seine Mutter wohnte in einem baufälligen, auf Backsteinen aufgebockten Anhänger, wie sie manchmal von Sattelschleppern gezogen werden, nur dass man diesen wahrscheinlich längst nicht mehr ziehen konnte, ohne dass er auseinanderfiel. Er war nicht mal besonders groß für einen Trailer. Wenn ich aufrecht stand, berührte ich fast die Decke. Jetzt verstand ich, warum der Colonel so klein war – sonst hätte er hier nicht mehr reingepasst. Die Wohnung bestand aus einem einzigen langen Zimmer. Vorne stand ein Doppelbett, dann kam die Küchenzeile und am anderen Ende der Wohnbereich mit Fernseher und einem kleinen Bad – das so winzig war, dass man beim Duschen auf dem Klo sitzen musste.

»Ein Schloss ist es nicht grade«, sagte seine Mutter (»Nennt mich Delores, nicht Miss Martin«), »aber dafür kriegt ihr 'nen Truthahn, der so groß ist wie meine Küche.« Sie lachte. Nach einer kurzen Wohnungsbesichtigung nahm uns der Colonel mit auf einen Rundgang durchs Barrio, eine Reihe von Schotterpisten, die von Trailern und Wohnwagen gesäumt wurden.

»Jetzt versteht ihr vielleicht, warum ich die Reichen hasse.« Ich verstand ihn. Dabei konnte ich mir kaum vorstellen, wie der Colonel in einer so winzigen Wohnung aufgewachsen war. Der ganze Anhänger war kleiner als unser Zimmer in der Schule. Ich wusste nicht, was ich sagen sollte, um seine Verlegenheit zu lindern.

»Tut mir leid, wenn ihr euch unwohl fühlt«, sagte er. »Kommt euch sicher fremd vor.«

»Mir nicht«, zwitscherte Alaska.

»Aber du wohnst nicht in einem Trailer«, widersprach der Colonel.

»Arm bleibt arm.«

»Na gut«, sagte der Colonel.

Alaska beschloss, Delores beim Kochen zu helfen. Sie meinte zwar, es sei sexistisch, die Kocherei den Frauen zu überlassen, aber besser ein gutes, sexistisches Essen als mieser, von Jungs zubereiteter Fraß. In der Zwischenzeit saßen der Colonel und ich auf der ausziehbaren Couch im Wohnzimmer, spielten Videospiele und redeten von der Schule.

»Ich hab den Aufsatz fertig. Muss ihn nur noch auf deinem Computer abtippen, wenn ich zurück bin. Ich glaube, auf die Klausuren bin ich ganz gut vorbereitet. Was nicht unpraktisch ist, wenn man bedenkt, dass ich noch einen Streiheichlefeich zuhulefu plahalefanen habe.«

»Deine Mutter versteht keine Räubersprache?« Ich grinste.

»Nicht, wenn ich schnell rede. Verflucht, sei bloß still.« Das Essen – frittierte Okra, Maiskolben und ein Schweinebraten, der so zart war, dass er auf der Plastikgabel zerfiel – überzeugte mich, dass Delores noch besser kochte als Maureen. Selbst das Gemüse war knuspriger als in Culver Creek. Außerdem war Delores die lustigste Mutter, die ich kannte. Als Alaska fragte, was sie beruflich machte, grinste sie. »Ich bin im kulinarischen Ingenieurwesen tätig, wenn ihr wisst, was ich meine. Burger-Köchin beim Waffle House.«

»Das beste Waffle House in Alabama.« Der Colonel lächelte, und plötzlich kapierte ich, dass er kein bisschen verlegen war. Vielmehr hatte er Angst gehabt, dass wir uns wie aufgeblasene Privatschüler aufführten. Ich hatte immer gedacht, er trug ein bisschen dick auf mit seinem Reichenhass, bis ich ihn mit seiner Mutter sah. Er war immer noch der gleiche Colonel, aber in einem völlig anderen Zusammenhang. Und so begann ich zu hoffen, dass ich eines Tages auch Alaskas Familie kennenlernen würde.

Delores bestand darauf, dass Alaska und ich uns das Bett teilten und sie auf dem Ausziehsofa schlief, während der Colonel draußen im Zelt übernachtete. Ich wollte zwar nicht, dass er fror, aber ich wollte mir natürlich auch nicht entgehen lassen, mit Alaska in einem Bett zu schlafen. Obwohl wir jeder eine Decke hatten und nie weniger als drei Schichten zwischen uns waren, ließ mich der Gedanke an die Möglichkeiten die halbe Nacht kein Auge zumachen.

Sechsundvierzig Tage vorher Es war das beste Thanksgiving-Essen aller Zeiten. Keine Preiselbeersoße. Stattdessen dicke Stücke saftiges weißes Truthahnfleisch, Mais und grüne Bohnen mit so viel Bacon, dass sie herrlich ungesund schmeckten, Maisbrot und Bratensoße, Kürbiskuchen zum Nachtisch und für jeden von uns ein Glas Rotwein dazu. »Ich glaube«, sagte Delores, »dass man zu Geflügel eigentlich Weißwein trinkt, aber – ich weiß ja nicht, wie's euch geht – mir ist das völlig schnurz.«

Wir lachten und tranken unseren Wein, und nach dem Essen sagten wir der Reihe nach unsere Dankgebete. In meiner Familie sprachen wir die Fürbitten an Thanksgiving immer vor dem Essen, und jeder beeilte sich dabei, weil wir so schnell wie möglich zum Essen übergehen wollten. Doch diesmal saßen wir vier satt und zufrieden um den Tisch und hörten einander wirklich zu. Ich dankte für das gute Essen und die gute Gesellschaft und dafür, dass ich hier an Thanksgiving doch noch ein Zuhause gefunden hatte. »Wenn auch nur einen Wohnwagen«, spottete Delores.

»Also gut, ich bin dran«, sagte Alaska. »Ich danke für das schönste Thanksgiving-Fest seit zehn Jahren.«

Dann war der Colonel dran: »Ich bin einfach nur dankbar, dass ich dich hab, Mom«, und Delores lachte und sagte: »Damit lockst du niemand hinterm Ofen vor, Junge.«

Ich wusste nicht genau, was sie meinte, aber offensichtlich hieß es: »Reicht nicht«, denn der Colonel erweiterte seinen Spruch und sagte, er sei dankbar, das »schlauste Menschenwesen im ganzen Trailer Park« zu sein, und Delores lachte und sagte: »Das reicht.«

Und Delores? Sie war dankbar, dass man ihr das Telefon wieder angestellt hatte, dass ihr Junge bei ihr war, dass Alaska beim Kochen geholfen und ich den Colonel so lange unterhalten hatte, dass sie einen festen Job hatte und nette Kollegen, dass sie ein Dach über dem Kopf hatte und einen Jungen, der sie liebte.

Später, als ich auf der Rückbank der Rostlaube saß und der Colonel uns nach Hause fuhr – jetzt fühlte es sich so an, zu Hause –, schlief ich ein zum sanften Wiegenlied der Autobahn.

John Green

Septembermorgen

Im Nebel ruhet noch die Welt,
noch träumen Wald und Wiesen:
Bald siehst du, wenn der Schleier fällt,
den blauen Himmel unverstellt,
herbstkräftig die gedämpfte Welt
in warmem Golde fließen.

Eduard Mörike

IDYLLE

BORDAU, DEN 14. APRIL 1878

Lieber Siebold!

Es ist Sonntagnachmittag, lieber Freund, weißt Du, was das auf dem Land zu bedeuten hat, noch dazu an einem Tag, an welchem die Sonne so freundlich scheint wie heute? Es bedeutet: Ruhe, Frieden, Behaglichkeit, Beschaulichkeit. Ich weiß »hinten, weit, in der Türkei« gibt es Leute, verdrießliche übersättigte Leute, für die ich ein tiefes Bedauern empfinde; diese würden sich vielleicht weit kürzer fassen und würden sagen, es bedeutet Langeweile. Nun, je nachdem! Ich freue mich der Ruhe und des Friedens dieses Sonntages und diese Freude habe ich mir ehrlich verdient, denn es ist keine Kleinigkeit, sich in die Geheimnisse der unregelmäßigen Verba und der griechischen Konjugation plötzlich wieder hineinzuarbeiten, und die Kunst ist nicht gering zu achten, einem jungen intelligenten Menschen von zwölf Jahren Dinge zu lehren, die man bereits seit langer Zeit wieder vergessen hat. Aber es macht sich, lieber Siebold.

Ich sitze augenblicklich am offenen Fenster, natürlich einer Giebelstube, und wenn ich meine Augen erhebe, so blicke ich in den knospenden Frühlingsgarten, woselbst schon allerlei freundliche Krokusse und verborgene Veilchen blühen, die zuweilen einen sanften Dufthauch zu mir heraufsenden. Rechts über den Gartenzaun sehe ich den Wirtschaftshof und kann mich erfreuen an der Beobachtung eines prachtvollen Hahnes, der im deutlichen Gefühl seiner übernatürlichen Schönheit und seiner hühnerologischen Verdienste den Kamm sehr hoch trägt, und wenn er stolz dahinwandelt, ganz außerordentlich mit den Sporen aushaut. Weiterhin macht sich ein Truthahn bemerklich, der den größeren Teil des Tages darauf verwendet, sich aus unaufgeklärten Gründen in Wut zu befinden. Ich kann mir nur denken: Er ärgert sich darüber, dass er gar keinen

Grund zum Ärger hat. Es gibt ja auch Menschen von ähnlicher Gesinnung. Während ich noch mit der Beobachtung dieser nachdenklichen Tatsachen beschäftigt bin, machen sich schon wieder die Enten bemerklich, die bis jetzt beieinander platt auf dem Bauch in der Sonne gesessen und verdaut haben. Plötzlich von Entschlüssen, wie diese Tiere sind, erheben sie sich alle mit einem Mal und watscheln in langer Reihe zum Teich, wo sie mit Schlammschnabbern und Kopfstehen ihre Künste betreiben und zuweilen plötzlich, ohne jeden ersichtlichen Grund, in taktmäßigem Chor in ein ungeheures »Park, park, park!« ausbrechen. Ich bemerke, die unendliche Fülle des sich mir darbietenden Stoffes reißt mich hin und ich breche ab, ohne den Tauben gerecht zu werden, die im Sonnenschein gurren, und ohne der Schwalben genügend zu gedenken, die über meinem Fenster ihre Nester haben; das übrige mannigfaltige Viehzeug, das in den Kreis meiner Beobachtung kommt, will ich gar nicht erwähnen. Es fehlt nur noch, Dir zur Vervollständigung des Bildes mitzuteilen, dass ich zu alle diesem eine lange Pfeife rauche. Ich habe mir sechs von diesen Instrumenten aus der Stadt mitbringen lassen. [...]

Da ich voraussetze, dass Du jetzt eine vollständig gesättigte Vorstellung gewonnen hast von der Lage, in der ich mich in diesem Augenblick befinde, so erlaube mir, dass ich Dich in meiner jungen Begeisterung für den Sonntag auf dem Land mit den weiteren Vorzügen dieses Tages bekannt mache.

Gleich morgens beim Aufwachen entzückt mich der Gedanke, dass heute keine Schule ist. Die unregelmäßigen Verba stehen einer unschädlichen Wolke gleich am fernen Horizont, es ist der herrliche Tag, da die Geografie aufhört und die Weltgeschichte zu Ende ist. In diesem Hochgefühl drehe ich mich auf die andere Seite, um noch »ein Auge voll zu nehmen«, allein es ist unmöglich, bei dieser angenehmen Aufregung wieder einzuschlafen.

Demnach kleide ich mich an und wandere in den Garten, wo die Vögel ihre Morgenmusik machen und es mancherlei zu beobachten gibt. Zum Beispiel, ob die Spargel schon kommen, wie die Erbsen sich befinden und ob man die Radieschen bald ziehen kann. Dabei weht eine ganz andere Luft als an anderen Tagen, sie ist reiner und feierlicher und frei von dem Geräusch der Arbeit. Zum Kaffee finden sich alle Hausbewohner zusammen [...].

Somit will ich denn in der Darstellung meiner sonntäglichen Vergnügungen fortfahren, und da muss ich nun des Küsters gedenken, der auf dem Turm mit zwei Glocken ein äußerst kunstreiches Gebimmel vollführt, das in bestimmten Pausen oftmals wiederholt wird und jedes Mal pianissimo anfängt, zur äußersten Stärke anschwillt und dann wieder abnimmt und ebenfalls pianissimo endet. Heute Morgen war ich auf dem Turm und habe dabei zugesehen. Die Kirche liegt auf dem höchsten Punkt des Dorfes und man hat aus den Schalllöchern eine freie Umschau in die Gegend. Da ist es nun bemerkenswert zu sehen, wie von allen Seiten von den entlegeneren Orten her, wie von den Glockentönen herbeigezogen, die Leute auf die Kirche zustreben. [...] Wir haben uns unterdessen ebenfalls in die Kirche verfügt, und nun beginnt die Orgel und der Gesang, wobei ein alter Bauer mit einer unbeschreiblich krähenden Stimme sich besonders durch eine furchtbare Inbrunst und durch die Eigenschaft hervortut, an bestimmten Stellen des Liedes in die Oktave überzuschnappen, offenbar jedoch der sicheren Überzeugung lebt, er und der Küster hielten die Sache aufrecht. So kommt die Zeit heran, da der gute, alte Prediger mit seinem weißen Haar und seinem rosigen Antlitz auf der Kanzel erscheint und eine milde, freundliche Predigt hält, die von Herzen kommt und zu Herzen geht, eine Predigt, die Ähnlichkeit hat mit dem Sonnenschein, der in breiten Strömen durch die alten Spitzbogenfenster hineindringt und Licht in die dunkelsten Winkel sendet. Aber manche von den verhärteten Bauernseelen mögen wohl schärferer Mittel zu ihrer Erbauung bedürfen, und es schmerzt den wahrheitsliebenden Berichterstatter tief, die Tatsache berichten zu müssen, dass jener alte Gesangskünstler, wahrscheinlich infolge der überstandenen Anstrengung, alsbald in einen sanften Schlaf verfällt und dass ein anderer älterer Herr in Kniestiefeln bei seinem mannhaften Ringen mit dem Dämon des Schlafes fortwährend mit dem Kopf vornüberschießt und sich infolgedessen in einem fortwährenden Kampf mit einem unsichtbaren Ziegenbock zu befinden scheint. Aber das Bewusstsein der Heiligkeit des Ortes lässt niemand darüber lachen; vielleicht ist man auch durch jahrelange Gewohnheit gegenüber solchem Anblick abgestumpft, und ich glaube fast, ich, dem dies alles neu und nie erlebt ist, bin der Einzige, der solches mit Bewusstsein bemerkt. [...]

Die Ströme des Sonnenlichtes rücken weiter und machen Dinge glänzen, die vorhin im Schatten lagen; ein verirrter Schmetterling flattert durch die Kirche und schlägt mit den Flügeln gegen die bleigefassten Scheiben. Draußen zwitschern die Sperlinge und die ruhelos an den Fenstern vorüberschießenden Schwalben, und allmählich geht die Predigt zu Ende.

Mein lieber Siebold, ich bemerke vielleicht zu spät, dass ich diesen Brief angefüllt habe mit lauter kleinen Dingen, die mancher der Beachtung vielleicht nicht wert halten würde. Aber ich tröste mich mit einem Ausspruch, den Du gern im Mund führst und der also lautet: »Es gibt nichts Kleines in der Welt – der Kölner Dom ist auch nur aus Sandkörnern erbaut.« So lass es Dir gefallen, wenn ich alles, was mir einfällt, so an Dich hinschreibe, und sei allerbestens gegrüßt. Es dunkelt schon und ist ganz still geworden. Die Luft weht kühl von den Wiesen und am Horizont des hellgrauen klaren Frühlingshimmels brennt das Abendrot und leuchtet durch zierliches Gezweige der Bäume, die vom ersten jungen Grün des Frühlings leise angehaucht sind. Leb wohl für heute!

Dein *Eduard Holding*

Heinrich Seidel

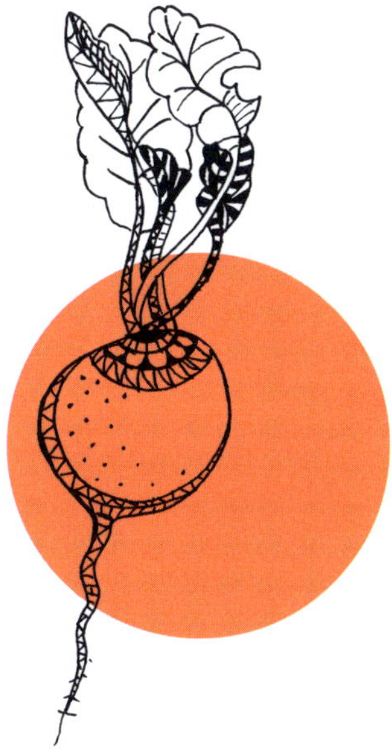

VOM FINDEN EINES GARTENS

DIE ANNONCE LESE ICH an einem Freitag im April. Ich weiß, ich werde anrufen, hinfahren, mir einen Eindruck verschaffen und dann gelassen Abstand nehmen. So mache ich es seit Jahren. Meist genügt es ja, dicht an etwas heranzugehen, um zu wissen, dass man es nicht braucht. Übrigens nicht die schlechteste Methode, meine florale Sehnsucht in den Griff zu bekommen. Einen Grund, sich gegen den Kauf eines Gartens zu entscheiden, gab es bisher immer.

»Gut, also um zwei am Zeitungsladen im Bahnhof«, sagt Frau K. »Ich hab ‘ne rote Jacke an.«

Ich wundere mich zwar, dass ich in einen Bahnhof kommen soll, um einen Garten anzusehen, aber es vergrößert durchaus meine Neugier.

Frau K. kommt, begrüßt mich und holt einen Schlüssel aus der Tasche. Über uns rauschen die S-Bahnen. Ich bin darauf gefasst, dass wir nun einen längeren Weg vor uns haben, um die Bahnhofshalle herum oder um Häuserblocks, und staune, als sie zielsicher auf eine eiserne Tür zugeht, die sich in der Wand zwischen einem Obststand und einer Telefonsäule befindet.

»Kommen Sie«, ruft Frau K. und schließt auf. Ich mache zwei Schritte, die Tür fällt hinter uns zu, und ich werde verschluckt. Verschluckt vom Blattgrün, Krähengeschrei, Amselgesang, Blütenduft. Ich muss mich zwingen, nicht stehen zu bleiben und stattdessen der Frau zu folgen, die rasch auf dem schmalen Weg voranschreitet. Rechter Hand liegt der Damm der S-Bahn. Aber hier ist das Paradies.

Vor dem vierten Garten bleibt sie stehen, wartet, bis ich heran bin, und sagt: »So. Das ist er.«

Ein Pfirsichbaum! Gleich neben dem Eingang! Seine schlanken, noch blattlosen Äste beugen sich weit über Gartentor und Zaun und sind betupft mit zartrosa Blüten. Auf der Wiese daneben zwei Riesen: uralte Kirschbäume. Ihre Rinde löst sich ab wie Papyrus. Hellgrüne Flechten kriechen die Stämme hinauf. Kirschblüten schweben durch die Luft wie verspätete Schneeflocken. Eine Blaumeise wippt auf dem Zaun ...

»Sie müssen doch nicht draußen stehen bleiben!«, ruft Frau K. irgendwo aus den Tiefen des Grüns. »Kommen Sie doch rein!«

Vor dem Zaun Veilchen, ein lila Teppich. Hinter dem Zaun auch, auf den Beeten, auf dem Weg, überall! Andächtig betrete ich den Garten. Und dieser Gesang ... »Ist das wirklich eine Nachtigall?«, frage ich.

»Eine? Wir haben drei in der Anlage!«

Der Weg führt durch ein Meer von Tulpen. Lila, Gelb und knalliges Zinnober. Welch ein Duft! Einige Narzissen blühen noch, andere haben schon dicke Samenstände angesetzt. Hyazinthen, Schlüsselblumen, Kaiserkronen. Mitten auf dem Beet schwenkt eine goldgelbe Taglilie ihre schlanken Blätter, gleich daneben eine dunkelblau gefleckte Iris. Dazwischen rollen Farne ihre kunstvollen Spiralen aus. Oh – im Farn wohnt ein Förster mit Hund und Laterne. Und zwei Rehe, ein stehendes und ein liegendes. Und ein von oben bis unten giftblauer Zwerg mit Schubkarre und ein ziemlich verblasster mit Sonnenblume samt Eichhörnchen im Arm.

Irritiert wende ich mich einem Bäumchen zu, das mir seine herzförmigen Blätter und rosa Blüten entgegenstreckt. Frau K. scheint mein ratloses Gesicht zu bemerken und erklärt, dass es sich um eine Aprikose handelt. »Selbst gepflanzt! Vor sechs Jahren! Hat auch schon getragen.«

Welch ein Garten! Bei der Vorstellung, dass es meiner sein könnte, macht mein Herz einen Freudensprung. S-Bahn-Bremsen quietschen. Ich drehe mich um und kann die Gesichter der Leute sehen, die in der Bahn sitzen. Das ist doch zu dicht! Bin ich dabei, in meinem Überschwang einen gewaltigen Fehler zu machen? Ich spreche die Nähe der Bahn an.

»Das hat uns nie gestört«, versichert Frau K., nimmt aber meine Bedenken ernst und ist damit einverstanden, mich für zwei Stunden im Garten allein zu lassen, damit ich einen Entschluss fassen kann.

»Dann bis nachher zum Kaffee«, sagt sie. »Das Haus erklärt Ihnen dann mein Mann.« Sie geht.

Ich schlendere die Wege entlang. Stelle mich unter die Kirschbäume. Wie soll ich in nur zwei Stunden eine so wichtige Entscheidung fällen! Ich halte meine Nase in einen roten Kelch mit schwarzem Stern. Dieses reine Rot. Das können nur Tulpen. Ich gehe ums Haus, schnuppere am Oregano, an der Pfefferminze, am Salbei. Sogar Koriander gibt es! Den kann ich fürs Brotbacken nehmen. Ich trage einen Stuhl in die Sonne, setze mich und schließe die Augen.

Das Haus ist ein kleines Steinhäuschen mit geteertem Flachdach und, soweit ich das beurteilen kann, trockenen Wänden. Mehrere niedrige Obstbäume gibt es, Birne, Apfel, Sauerkirsche. Und einen charaktervollen alten Apfelbaum, rechts hinterm Haus, der mir sofort sympathisch ist. An seinem Fuß lehnt ein kniehoher Zwerg mit Spaten. Überhaupt: Welche Menge Gartenzwerge diese Leute gesammelt haben! Überall stehen sie herum: im Erdbeerbeet, zwischen Rhabarberblättern, unter Stachelbeerbüschen. Einer im gelben Pullover lächelt mich so charmant an, dass ich unwillkürlich zurücklächeln muss. Bis mir einfällt, dass ich Gartenzwerge ja eigentlich nicht mag.

Zwischen den Grashalmen sehe ich einem Regenwurm dabei zu, wie er ein abgefallenes Blatt langsam in den Boden zieht. Wenn das mein Garten wäre, könnte ich ein kleines Stück der Erde beschützen. Hier würde kein Gift ausgekippt. Hier würden keine Bäume gefällt. Hier könnte ich pflanzen, was ich wollte. Die Regenwürmer wären meine Brüder, sie würden mir die Erde umgraben. Ich müsste ihnen nichts dafür bezahlen. Den Tulpen auch nicht. Sie blühen kostenlos ...

Als ich mich träumend auf dem Stuhl in der Frühlingssonne wiederfinde und feststelle, dass ich meinen Lieblingsplatz bereits gefunden habe, weiß ich: Die Entscheidung ist längst gefallen.

Hinter dem Zaun bemerke ich eine kniende ältere Dame vor einem Erdbeerbeet. Ich trete näher, stelle mich vor und sage, dass ich die Neue bin.

Sie betrachtet mich kritisch: »Seit wann?«

DIE REGENWÜRMER
WÄREN MEINE BRÜDER, SIE
WÜRDEN MIR DIE ERDE
UMGRABEN. ICH MÜSSTE IHNEN
NICHTS DAFÜR BEZAHLEN.

»Seit jetzt«, entgegne ich. »In diesem Moment. Sagen Sie, ist das hier… sehr vereinsmäßig? Ein Meter zwanzig Heckenhöhe und das Gras immer fünf Zentimeter und so?«

»Nö«, sagt sie, »wir sind ja nur vierzehn Gärten. Hier macht jeder, was er will.«

Da kommen Herr und Frau K. Sie haben Kuchen und eine Thermoskanne mitgebracht. Er schließt das Haus auf, stellt einen runden Tisch davor, und seine Frau schenkt Kaffee ein. Wo sind nur die zwei Stunden geblieben?

»Na?«, fragt sie.

»Schön ist er«, sage ich. »Wunderschön!«

Herr K. zeigt mir das Innere des Hauses und raunt mir den Preis zu mit der Bemerkung, ich könne es auch in Raten zahlen. Dann setzen wir uns auf die Terrasse, trinken Kaffee und krümeln zur Freude der Spatzen mit dem Kuchen.

»Wie lange haben Sie den Garten denn schon?«, frage ich.

»Zwanzig Jahre«, sagt Herr K.

»Einundzwanzig«, korrigiert seine Frau. Ich sehe, dass sie traurig ist. »Aber wir schaffen das nicht mehr. Gesundheitlich, wissen Sie.« Und während ich noch überlege, was ich darauf erwidern könnte, fährt sie fort: »Übrigens: Mein Mann hat Gartenzwerge gesammelt!«

»Oh, ja«, stottere ich, »das… habe ich schon bemerkt. Aber… wollen Sie die nicht mitnehmen? Falls Sie noch Verwendung dafür…«

»Für 'n Balkon, oder?«, lacht Herr K. »Genau, Gabi, wir stellen alle dreiunddreißig auf 'n Balkon, da brauchste nix mehr zu pflanzen!«

»Dreiunddreißig?«, entfährt es mir. »Ich habe nur fünfzehn…«

»Die andern sind eingewachsen«, sagt er. »Die finden Sie schon noch.« Er amüsiert sich. »Den Förster, vorn links, mit dem Hund, haben Sie den gesehen? Der leuchtet sogar. Kommen Sie mal mit. Ich zeig's Ihnen.« Er geht ins Haus und steckt einen Stecker ein. Dann winkt er mir, ihm zu folgen, und wir stehen vor dem illuminierten Förster.

»Nachts macht das natürlich viel mehr her!«, sagt Herr K.

Der Förster leuchtet abwechselnd an unterschiedlichen Körperstellen. Auch der Hund blinkt launisch an Augen, Schnauze und Schwanz. Jetzt blitzen bei beiden gleichzeitig die Augen. Ich denke, dass man dieses Arrangement gut für die Geisterbahn verwenden könnte, behalte diesen Gedanken aber für mich. Die Laterne des Försters, bei der ich es am ehesten vermutet hätte, die leuchtet nicht.

Herr K. strahlt, als wäre er selbst der Förster. »Marke Eigenbau«, schwärmt er. »Selbst entworfen, mit 'ner Weihnachtsbaumbeleuchtung! Klasse, oder?«

Ich nicke so anerkennend wie möglich.

»Und«, fragt er, »haben Sie sich entschieden?«

Ich sage Ja.

Da packt er meine Hand und schüttelt sie so kräftig, als wolle er sie abreißen. »Richtig! Gute Entscheidung! Sie werden es nicht bereuen! – Sie nimmt ihn!«, ruft er seiner Frau zu. Sie lächelt.

Wir setzen uns wieder an den Tisch, Frau K. gießt neuen Kaffee ein, und ihr Mann schiebt mir den Vertrag rüber.

Ich unterschreibe.

Mir ist ganz feierlich zumute. Es ist der 12. April 2008. Jetzt habe ich also einen Garten.

Doris Bewernitz

DIE KLEINE WELT DER MADAME JEANNE

ALLEIN ZU LEBEN macht mir nichts aus. Ich langweile mich nicht. Und ich lebe auch gar nicht in völliger Einsamkeit. Fast auf Tuchfühlung mit meinem Haus, neben Garage und Stall und nur von etwa fünfzig Meter Kies und Unkraut getrennt, steht der Bauernhof von Fernand und Marcelle. Als René noch gelebt hat, ist uns Fernand im Garten ein bisschen zur Hand gegangen, und Marcelle hat hin und wieder im Haushalt geholfen. Bei meiner Ankunft hier hat die Mutter von Marcelle, die alte Marie, den Hof noch mit ihren Söhnen Bébert und Gros Roger bewirtschaftet. Bis vor wenigen Jahren hatten Marcelle und Fernand drei Kühe, Kaninchen und ein paar Hühner, und wir hatten Milch, Butter, Eier und Sahne. Mit der Zeit wurden die Kühe zum Schlachter gebracht, die Hasen landeten in der Pfanne und die Hühner im Topf. Heute baut Fernand noch ein bisschen Gemüse an, sein Garten liegt gleich neben meinem, während Marcelle vor dem Fernseher sitzt und von Jahr zu Jahr den Ton etwas lauter stellt. Regelmäßig klingelt einer von beiden an meiner Tür, um mir je nach Jahreszeit einen Korb Kartoffeln, einen Salat, Lauchstangen oder Obst zu bringen. Auch wenn sie nicht mehr so rüstig sind, beruhigt es mich, sie in der Nähe zu wissen. Sie sind immer da. Sie machen nie Urlaub, waren noch nie in Paris und sehen keinen Sinn darin, weiter als bis Lapalisse zu fahren. Sie verlassen ihr Haus nur samstags, um am Belote-Turnier im Gemeindesaal von Le Donjon teilzunehmen. Morgens fahren sie mit ihrer Ente los und kommen abends ganz fidel zurück. Die Marcelle sitzt am Steuer, Fernand hat nie den Führerschein gemacht. Wenn er seinen Bruder besuchen will, steigt er auf sein Mofa, ein knatterndes graues Gefährt von Peugeot, mit zwei alten Satteltaschen am Gepäckträger.

Und dann sind da noch meine Freundinnen. Manche haben natürlich schon das Zeitliche gesegnet, mit zunehmendem Alter rückt der Himmel näher. Aber es gibt noch Gilberte, Nine und Toinette, und es vergeht keine Woche, in der wir uns nicht in der Messe sehen oder uns bei der einen oder anderen zum Mittagessen, Tee oder Kartenspielen treffen. Auch Denise, Chantal, Jacqueline und Francette sind noch da, aber sie wohnen ein gutes Stück von mir entfernt, und mit den Jahren werden die Wege weiter.

Und dann gibt es noch Angèle, meine treue Perle, die einmal pro Woche kommt, und meinen Gärtner, der kommt und geht, wann er will ...

[...]

FREITAG, 20. MÄRZ

Den ersten Frühlingstag habe ich im Freien verbracht. Heute Morgen war ich kurz im Gemüsegarten. Die Obstbäume blühen schon, der Pfirsichbaum neben dem Frühbeet ist ganz rosa, und die Kirschbäume bei der Wäscheleine werden nicht mehr lange brauchen, bis sie sich schneeweiß färben. Letzten Monat hat der Gärtner die Himbeeren und die Johannisbeeren geschnitten, alles sieht tipptopp aus. Er hat den Spargelhügel von Unkraut befreit, aber ob sie dieses Jahr was werden, weiß ich nicht, das weiß man erst Anfang Mai. Ich ernte für mein Leben gern Spargel! Es macht mir großen Spaß, man braucht ein gutes Auge, um ihre weißen Köpfe zu erspähen, dann muss man mit einem Spargelstecher die Erde neben den Stangen abstechen und gut aufpassen, dass man den Spargel nicht kaputt macht. Letztes Jahr habe ich leider nur wenig geerntet, ich fürchte, die Erde ist nicht gut genug. Das hier ist einfach keine Spargelgegend ...

NACH DEM ESSEN HABE ICH DRAUSSEN MEINEN KAFFEE GETRUNKEN UND DAZU EIN RIPPCHEN MILCHSCHOKOLADE GEGESSEN. DANN HABE ICH MEINEN KORBSESSEL NEBEN DAS ROSENBEET GESTELLT. Die Rosen blühen noch nicht, aber ich habe sie stark zurückgeschnitten. Jedes Jahr im Februar nehme ich meine Heckenschere und schneide die Triebe auf drei Augen zurück. Da ich mir den Rücken nicht kaputt machen will, geht es nur langsam voran, jeden Tag ein bisschen. Es sind schon viele Knospen dran, bald werden sie blühen.

Etwas tiefer, halb im Schatten, halb in der Sonne, auf dem Weg hinunter zur Terrasse, stehen die Rhododendren, die keine Arbeit machen, und die Hortensien. Die Hortensien habe ich Anfang des Monats gestutzt, ich habe die großen grauen Blüten abgeschnitten, die man im Winter stehen lässt, bis die neuen Triebe sprießen. Zu Füßen der Rhododendren schauen die Osterglocken heraus, sie leuchten wie kleine Sonnen, eine Explosion an Gelb, die sich mit den herrlich duftenden lila und weißen Glöckchen der Hyazinthen mischen.

Ich habe es mir in meinem Gartenstuhl bequem gemacht und ein paar Seiten aus Alkibiades gelesen, dann bin ich in der Sonne eingeschlafen.

In unserem Alter sind wir wie alte Bäume. Das gute Wetter haucht uns wieder etwas Leben ein, wir ergrünen, wenn auch jedes Jahr ein bisschen weniger. Die milden Tage vermitteln uns eine Illusion von Ewigkeit.

SAMSTAG, 21. MÄRZ

Heute Morgen kam mein Gärtner bei strahlendem Sonnenschein mit kleinen Töpfchen und einem großen Lächeln im Gesicht hier an. Ich war schon aufgestanden, war bei Tagesanbruch wach geworden, wegen der Vögel. Seit ein paar Wochen fangen sie immer früher an zu zwitschern. Oft kann ich dann nicht mehr einschlafen. Darum bin ich den ganzen Tag wie benommen. Aber wenn ich aufstehe und die Fenster schließe, ist es mir hinterher zu warm. René und ich haben zu jeder Jahreszeit bei offenem Fenster geschlafen, daran bin ich gewöhnt. Ich brauche einen leichten Luftzug. Und außerdem höre ich gern die Vögel singen.

Ich kenne mich mit Vögeln nicht aus, aber dank meiner Kreuzworträtsel kann ich ganz viele Sorten aufzählen. Es gibt die Amsel, die Meise, den Kanarienvogel, die Grasmücke, den Star, den Segler, die Bachstelze, den Buchfink, die Nachtigall … Manche Namen finde ich ganz entzückend, wie die Nonnenmeise oder den Fliegenschnäpper. Bei den meisten weiß ich gar nicht, wie sie aussehen, aber das ist mir auch nicht wichtig. Dann gibt es noch das Rotkehlchen. Man kann es leicht an seinem großen orangenen Fleck erkennen. Gestern kam eins in meine Küche. Es hat sich eine Minute lang auf meinem großen Holztisch niedergelassen, dann ist es wieder davongeflogen.

Rotkehlchen sind nicht sehr scheu, sie kommen oft angehüpft, wenn ich draußen meinen Kaffee trinke. Mein Lieblingsvogel ist der Kuckuck. Ich weiß nicht, warum, jedes Mal wenn ich sein »Kuckuck« höre, fühle ich mich wieder wie ein Kind. Eine zarte Erinnerung an weit zurückliegende Zeiten. Und dann gibt es noch die Schwalben, die den Frühling bringen, aber auch den Regen, wenn sie tief fliegen.

Vor dem Haus färbt sich der Rasen um das Rundbeet und den mächtigen Baum herum langsam bunt, von dem ich mir nie merken konnte, wie er heißt. Überall tauchen gelbe, blaue, weiße, blasslila Tupfer auf. Das Gelb stammt vom Löwenzahn, vom Hahnenfuß und von den Schlüsselblumen, das Blau von den Kornblumen, das Weiß von den Gänseblümchen und das Blasslila von den Veilchen und dem Wiesenklee, an dessen Blütenblättern ich als Kind gesaugt habe, um an den Saft zu kommen. Aus Wiesenblumen kann man herrliche Sträuße binden, die man dann in Senfgläser stellt.

Mein Gärtner ist im Keller verschwunden, um den Spaten, den Rechen und einen Eimer zu holen. Er hat den grünen Schlauch über die Stufen der Steintreppe gelegt und sich an die Arbeit gemacht. Mit dem Spaten und unter Zuhilfenahme seines Fußes hat er im Rundbeet Löcher gegraben. Dann hat er vorsichtig aus jedem Topf ein Stiefmütterchen genommen, die Erde abgeschüttelt, damit Luft an die Wurzeln kommt, jedes Pflänzchen an seinen Platz gesetzt, es mit etwas Erde festgedrückt und anschließend gegossen. Am Ende des Vormittags hatte er mein Beet, das wenige Stunden vorher schwarz und traurig ausgesehen hatte, mit zarten grünen Pflänzchen und bunten Blumensämlingen freundlich gemacht.

Sie haben mir den Frühling gebracht, habe ich zu ihm gesagt.

Véronique de Bure

VON DER ÄLTESTEN FRAU IN MEINEM LEBEN

ALS ICH HEUTE in der Sonne saß und vor mich hinträumte, habe ich mich gefragt, was wohl in einer so alten Frau wie meiner Großmutter vorgeht, wenn sie einfach so daliegt. Sie hat kein Wissen, das es ihr ermöglicht, sinnlos über Dinge zu grübeln, sie hat kein Fernsehen, keine Zeitung und eigentlich hat sie auch gar kein Interesse für die Welt. Sie lebt in ihrem Dorf, und alles, was sie interessiert, ist dieses Dorf und vielleicht noch die wenigen anderen Dörfer, in denen die leben, die sie liebt.

Ihr Leben ist ein Leben, in dem nicht mehr viel passiert, vielleicht sogar nie viel passiert ist, und doch ist sie durstig nach dem Aufwachen, freut sich auf den nächsten Tag, an dem sie etwas mehr von dieser kleinen Welt sieht.

Genau genommen kenne ich sie gar nicht, kennt auch sie mich nicht, doch sie ist Südländerin, und im Süden reicht es, dass ich die Tochter ihrer Tochter bin, um mich fast mehr als sich selbst zu lieben. Ich liebe sie auch irgendwie, vielleicht, weil ihr das reicht.

Sie hat es geschafft, achtzig Jahre lang zu leben, vielleicht auch ein paar Jahre weniger oder mehr, so genau weiß das keiner, nicht mal sie selbst, so genau haben Daten wie Kindergeburtstage die Eltern ihrer Generation nicht interessiert. Ich weiß nicht mal, ob es einen Tag gibt, an dem ihr zum Geburtstag gratuliert wird, bis heute hat mich das auch nicht interessiert.

Sie macht keinem das Leben schwer, und das ist bei alten Menschen schon außergewöhnlich. Wahrscheinlich können die meisten Alten gar nichts dafür, dass sie anderen das Leben schwer machen, aber die meisten, im Gegensatz zu ihr, tun auch nichts dagegen. Im Leben meiner Großmutter aber gibt es keine Nörgelei, gibt es keine Fahrradfahrer, auf die sie mit krächzender Stimme schimpft, weil sie den Bürgersteig benutzen, keine Autofahrer, die sie anzeigt, weil sie mehr als drei Minuten im eingeschränkten Halteverbot stehen, keine Kinder, die sie beschimpft, weil sie über angelegte Hecken springen. Vielleicht liegt das daran, dass es in ihrem Dorf weder Fahrräder

noch Bürgersteige und schon gar keine Halteverbote gibt, ich weiß es nicht, ich weiß nur, sie ärgert sich über dergleichen nicht.

Sie lebt im Süden, ganz nah an der Küste, hat aber das Meer noch nie gesehen. Sie wohnt mit ein paar Ziegen und Hühnern in einem alten Steinhaus im Inland, hat rosige Backen und sagt, die kämen von dem Glas Wein, das sie jeden Tag zum Essen trinkt. Dass es ihr so gut geht, wie es ihr geht, läge gewiss ein bisschen an der Medizin, die ihr der Arzt regelmäßig bringt, aber vor allem, und davon ist sie fest überzeugt, liegt es an dem Schlückchen verbotenen Šlivović, den sie jeden Abend heimlich trinkt.

Auf ihrem alten Küchenschrank steht seit ein paar Monaten ein grünes Telefon, eines mit Drehscheibe und keiner Funktion – außer Wählen von null bis neun. Wie es zu bedienen ist, wusste sie lange nicht, wusste nur, dass sie den Hörer von der Gabel nehmen konnte, wenn es klingelte, und war dann froh, wenn eine Stimme zu ihr sprach. Inzwischen hat mein Onkel ihr beigebracht, wie man am Telefon richtige Gespräche führt, und seit sie das kann, nennt sie sich den glücklichsten Menschen, weil sie die Stimmen all derer hören kann, die den Süden verlassen haben, um im Norden Geld verdienen zu gehen. Und es ist gut, sagt sie immer wieder, dass sie da oben sind, dass sie da reich werden, denn ohne das viele Geld aus dem Norden würde das grüne Telefon bestimmt nicht so oft klingeln und sie wäre bestimmt ein viel einsamerer Mensch. Wenn Besuch kommt, der es besonders gut meint und seine Nummer auf einem Zettel hinterlässt, lächelt sie dankbar, legt das Papier neben das Telefon und erklärt niemandem, dass sie die Zahlen auf dem Ziffernblatt gar nicht kennt.

Sie hat einen Esel, einen Hund, der auf sie aufpasst, und unzählige Kerben auf ihrer sonnengebräunten Haut. Sie trägt, ganz gleich bei welcher Hitze, mindestens drei Schichten Röcke und um den Kopf geflochtene Zöpfe, immer schwarze Röcke, selbst wenn es brechend heiß ist, weil man sich in diesem Dorf als Witwe nichts anderes traut. Statt eines Büstenhalters trägt sie eine seltsame Schnur unter der Brust, und das Schönste an ihr, neben den von Sonnenfalten umringten, bernsteinfarbenen Augen, ist das liebevolle Zahnlückenlächeln in ihrem Gesicht.

Sie pflanzt Tomaten, Kartoffeln und baut Trauben an, zwingt sie im Sommer, wenn Ferien sind, ihren Kindern und Enkelkindern auf, sagt, sie müssten davon jetzt mitnehmen, weil sie leider nichts anderes zu geben hat, und man dürfe ihr als Großmutter das Geben nicht nehmen. Als ich klein war, hab ich verstanden, was sie mit diesem »leider« in ihrem Geben meinte, was waren schon Tomaten, Kuhmilch und Trauben gegen Fahrräder, Walkmen und was man sonst noch so im Norden von den Großeltern kriegt. Damals dachte ich wirklich, ihre Tomaten wären wertlos, doch heute suche ich sie auf jedem Markt. Ich suche immer welche, die so riechen wie damals, will sie zu selbst gebackenem Weißbrot, Butter und Frühlingszwiebeln essen, doch solche wie die meiner Großmutter finde ich nicht. Ich erinnere mich noch genau, wie man sich, Stunden nach ihrem Essen, nach ihren Kartoffeln, die sie in dem kleinen Backhaus im Hof anbriet, die Finger wund leckte, nur wusste ich damals noch nicht, dass ich das eines Tages vermissen würde. Im Gegenteil, ich habe es als Kind immer peinlich gefunden, wenn meine Eltern den Kofferraum auf der Rückfahrt nach Deutschland kiloweise mit Omas Kartoffeln beluden, und heute, heute hätte ich am liebsten mein eigenes Auto vom Rücksitz bis zum Kofferraum beladen.

Neulich ist sie gestürzt und hat sich verletzt, nichts Ernstes, nur verstauchte Knochen, doch bei alten Menschen wie ihr, sagt sie, geht das nicht mehr zurück. Ob es denn wehtut, frage ich am Telefon. Ja, sagt sie, schon seit vier Monaten tut es weh, aber sie kann einschlafen und richtig tief schlafen, und das macht alles wieder gut. Und auf einmal erkennt sie, wodurch auch immer, dass ich nicht die bin, für die sie mich eben noch gehalten hat. Ich bin ich und nicht meine Cousine, und statt sich zu entschuldigen, freut sie sich einfach ein zweites Mal, diesmal eben über mich. Es ist so schön, sagt sie, dass auch du an mich denkst. Und wenn ich, sagt sie, mal nicht mehr gehen kann, wäre ich nicht böse mit dem lieben Gott, würde gern weitermachen, wenn auch nur sitzend in meinem Bett. Ich würde, erzählt sie mir, dann halt ein Bild auf die Wand gegenüber hängen, ein schönes, vielleicht manchmal auch ein anderes, würde mich dann in meinem Bett aufrichten, es anschauen und ihm danken dafür, dass er mich so viele Jahre aufwachen lässt, so viele, dass ich sogar noch dieses klingelnde Telefon miterleben kann.

Jagoda Marinić

Damals dachte ich wirklich,
ihre Tomaten wären wertlos,
doch heute suche ich
sie auf jedem Markt.

Vom Übermut

WENN ICH MARGARETE einige Tage nicht gesehen habe, werde ich unruhig. Ich gehe durch unsere kleine Straße mit dem Kopfsteinpflaster, zwischen Blumenläden, Boutiquen, Banken und Läden für Hörgeräte, was man so braucht in der Vintage-Zone, und meine Augen suchen. Da, beim Blumenladen? Nein? Die alte Dame vor der Apotheke? Auf keinen Fall, die ist rund und stratzt mächtig daher. Margarete ist weder rund, noch stratzt sie daher, und sie war gestern nicht im Café, wo sie fast täglich ist, und sowieso jedes Wochenende, wo also ist Margarete, wo war sie diese letzten Wochen? Dann klappt die Tür beim Friseur auf, und es erscheint ein herrlicher Hut, Tweed in kastanienfarbener Schattierung, dazu breitrandig abgesetzt in weißem Piqué. Der Hut zittert, er bewegt sich mit diesem typischen Zittern durch die Passanten, was daher kommt, dass Margarete mit Trippelschritten geht, ta ta ta ta, gehen ist ja fast zu viel gesagt, sie schiebt die Füße ganz schnell vor, tip tip tip. Weiße Strümpfe. Sie trägt immer makellose weiße Strümpfe.

Zu ihren weißen Strümpfen und den hochhackigen schwarzen Schuhen aus mattem Velours trägt Margarete heute einen Mantel aus seidigem Material in der Farbe Creme, er ist hinten weit geschnitten und fällt deshalb von den Schultern aus, wie es die Schalen einiger Muscheln tun, in vielen kleinen quer laufenden Wellen über ihren Rücken. Dazu trägt Margarete wie immer ihr offenes weißes langes Haar. Sie tippelt die Straße herunter, einen schrecklichen Moment lang scheint es, als wäre sie verschluckt. Einfach weg. Wie vom Boden verschwunden. Das kann natürlich nicht sein. Man kann sich doch nicht getäuscht haben, nicht in Margarete. Und dann, simsalabim, ist sie wieder da. Sie erscheint hinter dem Stamm eines Baumes, und man begreift, sie war verschwunden, weil sie mit ihren kleinen Tippelschritten so langsam ist, dass es wirkt, als hätte sie sich für ein paar Momente hinter diesem Baum versteckt. Obwohl sie eigentlich fleißig weitertippelt.

Man schließt zu ihr auf und sagt: »Hallo, Margarete!« Sie wendet sich einem wie immer strahlend zu und grüßt zurück, voller Herzlichkeit, wie immer sagt sie: »Wir kennen uns! Aber woher?«

Nun, die kleine Straße lässt nicht sehr viele Möglichkeiten zu, der Schmuckladen und »Müllers«, die Patisserie und die Kirche, Margarete ruft: »Ich weiß, es war beim Bäcker!« Da fangen wir immer wieder an. Beim Bäcker, der auch einige Stühle auf dem Bürgersteig hat, und da saß Margarete in ihrem Pepitamantel und dazu der sagenhafte Bleistiftrock und der Hut aus hellroséfarbenem Leinen mit der riesigen Schleife vorne. Ich sagte damals: »Unglaublich, so viel Mode sieht man hier ja selten! Entschuldigen Sie, dass ich Sie so anspreche, aber Sie sind ja ganz schön mutig! Ich meine, hier trägt man doch kaum etwas anderes als Barbour-Jacken. Und auch nur gesteppte.« Und Margarete sagte: »Mutig? Mode, meine Liebe, braucht mehr als Mut, Mode braucht Übermut!«

So wurden wir bekannt. Man trifft Margarete, immer aus Zufall, und es ist, als begegneten einem Passagen aus einem Lieblingsbuch. Margarete pflegt gern zu sagen, sie habe nur zwei Ticks, nämlich einen Hut-Tick und einen Schuh-Tick, dann sagt sie, der rosa Hut sei uralt und aus Bad Pyrmont, wo sie damals immer mit ihrem Mann zur Kur war. Und schon damals habe sie ja immer sehr hohe Schuhe getragen. Margarete sagt: »Heute Morgen rief eine Dame an, die ich über zwanzig Jahre nicht mehr gesprochen habe, wir haben uns in Bad Pyrmont kennengelernt, und die Dame sagte: Tragen Sie immer noch so wahnsinnig hohe Schuhe?« Margarete lacht sich weg. Nach zwanzig Jahren erinnert sich die Frau an ihre Schuhe. Na ja, sagt Margarete, sie waren natürlich nicht soo hoch, wie sie die jungen Dinger heute tragen!

Wir jammern ein bisschen über unsere Füße. Sie bewundert meine Birkenstocks, silber mit zwei kleinen Strapsen und dazu pinkfarbener Nagellack, »wie hübsch«, sagt Margarete, die auch gern Nagellack trägt, klassisch rot auf klassisch langen, zugespitzten Nägeln, das Rot ist meistens zu den Spitzen hin ein wenig ausgewischt, es sieht fast aus wie ein neuer Fashion-Tick, ein Verwischen ins Nude.

„ICH BIN EINE FRAU OHNE ALTER UND ZWEI TAGE JÜNGER.«

Margarete klotzt auch beim Schmuck gerne, riesige fette Perlen zu riesigen fetten Perlen über dem Jäckchen, das nicht ganz zugeknöpft ist, weshalb man ein Stück Haut sieht, sehr kokett. Manchmal sind Margaretes Röcke ein bisschen schief, und die Haare fusseln gelegentlich wild herum, aber das Jäckchen passt in der Farbe zum Tweed des Huts, den ihr übrigens die Dame aus dem Hutgeschäft geschenkt habe, sagt Margarete: »Stellen Sie sich das mal vor, einfach geschenkt.« Wie reizend. Die Dame aus dem Hutgeschäft! Sie brauche, sagt Margarete, als wüsste ich es nicht längst, sie brauche ja einen Hut, weil ihr Haar – und an dieser Stelle fährt sie dann ihren langen Zeigefinger aus und umzirkelt mit einigem Abstand zum Hut eine Stelle am Hinterkopf, und sie sagt mit einem schiefen, listigen Lächeln – dahinten habe sie leider so eine Stelle, schon deshalb brauche sie immer einen Hut! Alles zusammen: ein Eindruck von Verwegenheit.

Wir erreichen das Café. Dort wartet schon Frau Hansen, mit der sich Margarete jedes Wochenende im Café verabredet, heute hat Margarete ein Geschenk für Frau Vogel dabei, die Dritte im Bunde, die aber heute nicht da ist, Frau Hansen wird ein Geschenk für Frau Vogel mitnehmen, die nicht da ist, weil sie heute 88 Jahre alt wird. Ich frage wie immer: »Aber wie alt sind Sie denn, Margarete?« Und sie hat nur auf diese Frage gewartet und kichert auf mit diesem Jauchzer und sagt, wie immer sagt sie: »Ich bin eine Frau ohne Alter und zwei Tage jünger.« Jubilieren! Tirilieren! Wiederaufnahme ihres ausgelassenen Lachens. Der Spruch ist ja auch einfach zu gut. Macht also wie viel? Margarete? 89 Jahre! Ich stöhne ein bisschen und sage, was ich bald werde, und sie sagt: »Ach, Kindchen!« Schon dafür lohnt es sich, mit Margarete ein paar Schritte zu gehen.

Manchmal sagt sie dann, indem sie innehält und einen an die Hand nimmt: »Und stellen Sie sich mal vor, mein Mann und alle meine Geschwister sind ja schon tot!« Sie sagt, sie sei jetzt ganz allein, und ich sage, wie schön es sei, dass sie Freundinnen habe. Wie immer kommt es zum Schluss so: Margarete nimmt Himbeertorte, ich probiere Schokolade mit Orangensahne. Wie immer, wenn wir uns zum Abschied zuwinken, denke ich: You made my day!

Susanne Mayer

QUELLENVERZEICHNIS

Zsuzsa Bánk, Schlafen werden wir später (Auszug). © 2017 S. Fischer Verlag GmbH, Frankfurt am Main

Fredrik Backman, Ein Mann namens Ove (Auszug). Aus dem Schwedischen von Stefanie Werner. © 2014 S. Fischer Verlag GmbH, Frankfurt am Main

Doris Bewernitz, Die Vollständigkeit des Staunens & Vom Finden eines Gartens. Aus: Doris Bewernitz: Wo die Seele aufblüht. © 2018 Verlag am Eschbach in der Verlagsgruppe Patmos der Schwabenverlag AG, www.verlag-am-eschbach.de ISBN 978-3-86917-603-1

Tania Blixen, Jenseits von Afrika (Auszug). Übersetzung: Gisela Perlet © 2010, Manesse Verlag, Zürich, in der Penguin Random House Verlagsgruppe GmbH

Véronique de Bure, Die kleine Welt der Madame Jeanne (Auszug). Aus dem Französischen von Ina Kronenberger. © 2019 Rowohlt Verlag GmbH, Reinbek bei Hamburg.

Fisher, MFK (1908, Albion – 1991, Glen Ellen), Picknick in der Abenddämmerung. Aus: dies., Die Kunst des Essens. Anleitung zum Genuss. Copyright © 1949, 1954 by M.F.K. Fisher. Copyright der deutschen Übersetzung © 2019 ebersbach & simon, Berlin. Aus dem Amerikanischen von Brigitte Ebersbach.

Philipp Fuge: 36 Grad Nord. Tarifa und die ersten Schritte, aus: Philipp Fuge, Der Weg ist mein Zuhause. © 2021 Philipp Fuge, Knesebeck Verlag München

Anna Gavalda, Ein geschenkter Tag (Auszug). Aus dem Französischen von Ina Kronenberger. © 2010 Carl Hanser Verlag, München. Mit freundlicher Genehmigung von Carl Hanser Verlag GmbH & Co. KG

John Green, Das Schicksal ist ein mieser Verräter (Auszug). Übersetzt von Sophie Zeitz. © 2012 Carl Hanser Verlag, München. Mit freundlicher Genehmigung von Carl Hanser Verlag GmbH & Co. KG

John Green, Eine wie Alaska (Auszug). Übersetzt von Sophie Zeitz. © 2009 Carl Hanser Verlag, München. Mit freundlicher Genehmigung von Carl Hanser Verlag GmbH & Co. KG

Dörte Hansen, Altes Land (Auszug) © 2015 Albrecht Knaus Verlag, München, in der Penguin Random House Verlagsgruppe GmbH

Dora Heldt: Der perfekte Sommer, aus Dora Heldt: Sommer. Jetzt! © 2014 dtv Verlagsgesellschaft mbH & Co. KG, München, mit freundlicher Genehmigung von dtv Verlagsgesellschaft mbH & Co. KG

Wolfgang Herrndorf: Tschick (Auszug), aus: Wolfgang Herrndorf, Tschick. © 2021 Rowohlt Taschenbuch Verlag, Reinbek bei Hamburg

Volker Jarck: Wichtig!, aus: Volker Jarck, Sieben Richtige. © 2020 S. Fischer Verlag GmbH, Frankfurt am Main

Erich Kästner, Freundschaft auf den ersten Blick. © Thomas Kästner. Atrium Verlag, Zürich 2020

Jagoda Marinić, Von der ältesten Frau in meinem Leben, aus: Jagoda Marinić, Eigentlich ein Heiratsantrag. Geschichten. © Suhrkamp Verlag Frankfurt am Main 2001. Alle Rechte bei und vorbehalten durch Suhrkamp Verlag Berlin

Harald Martenstein, Das Glück, aus: Harald Martenstein, Die neuen Leiden des alten M. Unartige Beobachtungen zum deutschen Alltag. © C. Bertelsmann Verlag, München, in der Penguin Random House Verlagsgruppe GmbH

Susanne Mayer, Vom Übermut, aus: Susanne Mayer, Die Kunst stilvoll älter zu werden – Erfahrungen aus der Vintage-Zone © 2016 Berlin Verlag in der Piper Verlag GmbH, Berlin und München

Sy Montgomery, Einfach Mensch sein (Auszug). Von Tieren lernen. Aus dem Amerikanischen von Heide Sommer. Copyright der deutschsprachigen Ausgabe © 2019 Diogenes Verlag AG Zürich

Titus Müller, Unterwegs mit einem Kind (Auszug), aus: Titus Müller, Unterwegs mit einem Kind. @ Arche Literatur Verlag, 2019

Marcel Proust, Tage des Lesens (Auszug). Drei Essays. Aus dem Französischen von Karl Scheffel. © Suhrkamp Verlag Frankfurt am Main 1989 und 1992

Winfried Stahl & Petra Steeger: Wunderland Wüste, © bei den Autor:innen